La cavale

La course folle du Roi de l'arnaque

MARCO MOULY
JULIE MADAR

La cavale

La course folle du Roi de l'arnaque

Harper
Collins

HARPERCOLLINS FRANCE
83-85, boulevard Vincent-Auriol, 75646 PARIS CEDEX 13
Tél. : 01 42 16 63 63

www.harpercollins.fr

ISBN 979-1-0339-1282-8

L'habit ne fait pas le moine… sauf en prison.

Marco Mouly

Préface
de Cindy Mouly

Je ne voulais pas qu'il se rende.

Huit ans c'est long pour une jeune fille de vingt-cinq ans.

L'imaginer enfermé était au-dessus de mes forces. Je voulais qu'il continue de se dépasser, qu'il se réinvente, qu'il transforme une situation perdue d'avance en une aventure rocambolesque dont lui seul a le secret.

Mon père avait déjà vécu cent vies et il s'était toujours tiré de toutes les situations avec brio.

Alors pourquoi ne pas oser une cavale ?

1

Paris, 7 juillet 2016. 10 heures précises.

Le klaxon de la voiture derrière retentit.

— Avance, connard ! hurle le chauffeur.

— Marco, je peux pas rester en double file éternellement.

Une heure que nous tournons devant le palais de justice.

— Je refais un tour ? me demande Mamadou, le jeune qui me conduit partout en ce moment.

— J'en sais rien.

À cette heure, je devrais être sur le banc des accusés, mais je peux pas bouger. Je les imagine tous en train de scruter la porte de la salle d'audience en se disant : « Il va quand même pas nous faire ce coup-là ? »

Mes avocats, mes « associés », tous doivent déjà spéculer. Dans dix minutes, quinze, peut-être, mon sort sera scellé.

— Faut que t'y ailles, Marco. C'est grave !

Il a raison. Cette fois-ci, c'est grave. Je bascule la tête en arrière et prie le ciel à travers le toit ouvrant de la Smart. « Mon Dieu, je t'en supplie… protège-moi. Je veux pas retourner en prison. »

Je sais qu'il est là, au-dessus. J'espère juste qu'il m'écoute, qu'il en a pas marre de moi. Je regarde nerveusement l'heure sur mon téléphone. Déjà que le juge pouvait pas me voir… « Les gens comme vous, monsieur Mouly, je ne les supporte plus, vous m'entendez ? Toujours les mêmes ! La même bande qui vole sans vergogne dans les caisses de l'État et détourne l'argent public. C'est terminé, tout ça ! »

Pas sûr que mon manque de ponctualité arrange mes affaires…

Je repense à son air méprisant pendant toute la durée du procès, à son envie de m'écraser à tout prix. La rage monte en moi. Il s'attendait à quoi, sérieux ? Qu'on finisse ministres ? On n'est jamais allés à l'école ! Moi, les rares fois où je montrais ma tronche, c'était quand l'assistante sociale menaçait ma mère de lui sucrer les allocs. Là, j'avais plus le choix, je devais faire acte de présence le temps qu'ils payent.

Il se trompe, le juge, la culpabilité, je connais. On vivait à neuf dans un deux-pièces, je pouvais pas priver ma mère du moindre centime avec mes conneries.

Je demandais à mon pote Titi de se pointer dans la classe l'air paniqué et de dire à la maîtresse que mon frère avait eu un malaise et que je devais rentrer tout de suite. On se sauvait comme des voleurs rejoindre les copains sur le boulevard.

N'empêche que c'était chouette, le quartier de Belleville, à l'époque. Partout, à n'importe quelle heure, ça grouillait de monde. Les juifs, les Arabes, les Noirs… On était tous mélangés. On ne parlait pas forcément la même langue, mais on avait le même langage. Celui de la débrouille, de l'embrouille, celui qu'on apprend dans la rue, sans grammaire, sans table des matières… On apprenait la vie avec les vieux du quartier qui nous racontaient Tunis, Alger… Un mot en arabe, un mot en français.

On passait nos journées à traîner dans les cafés, à les regarder taper le carton, fascinés par les liasses de billets qu'ils jetaient sur la table quand ils perdaient. Debout derrière eux, on apprenait les règles du rami, de la belote, de la chkobba, devant un thé à la menthe et des gâteaux au miel qu'ils partageaient avec nous pour le goûter. Dès qu'on se sentait assez forts, on se greffait à la partie, pensant leur enlever un peu de sous… Tu parles ! À l'arrivée, on se faisait toujours arnaquer.

L'argent qu'on avait, on le gagnait en faisant des petits boulots à droite à gauche. Des livraisons, des tombées de camions, on était à l'affût de toutes les opportunités. Dans la rue, la seule chose qui primait, c'était le système D. Juste, pas juste, honnête, malhonnête, c'était pas le sujet… Quand tu dois bouffer ou changer de chaussures parce qu'elles sont trouées, tu penses pas au jugement dernier.

Contrairement aux autres gamins, on ne rêvait pas d'être avocats, pompiers ou médecins. On voulait juste être riches ! Avoir plein de fric pour que nos mères arrêtent de trimer et pour pouvoir s'acheter ce qu'on voulait.

C'était ça, le rêve de Belleville ! Quand t'as dix, douze ans, voler fait partie du rite initiatique, mais nous on faisait surtout ça pour rigoler.

Enfin, là, quand même… la prison… c'est dur ! Fini la rigolade… C'est moche, la prison… Y a rien de plus moche… C'est encore plus moche que l'hôpital !

— Monsieur, vous ne pouvez pas rester ici, dit le policier en s'approchant de la voiture.

Je cache mon visage et fais semblant d'être au téléphone. Mamadou avance et se gare un peu plus loin. La façade du tribunal se dresse devant moi. Élégante, fière, menaçante. J'ai l'impression qu'elle va m'avaler. Je soupire et lève à nouveau les yeux au ciel.

— Mon Dieu, je te promets, si je m'en sors, je mangerai plus de caviar !

Le caviar, c'est pas casher. Et puis, de toute façon, je suis allergique à l'iode… Mamadou me sourit. Il sait que je déconne tout le temps. Surtout dans les pires moments.

— Si je prends cinq ans, j'y vais. J'entre en courant et je dis au juge que j'étais coincé dans les embouteillages… Cinq ans moins les deux que je viens de faire en préventive et les remises de peine… ils me mettront peut-être même pas en prison…

Il n'a pas l'air convaincu. Le procureur a réclamé une peine de dix ans. Dix ans pour une arnaque que j'ai même pas inventée !

Parce qu'ils sont tous là à fantasmer sur « le casse du siècle », mais c'est rien d'autre qu'une arnaque à la TVA ! La vérité, c'est que le carbone, au départ, moi, je savais même pas ce que c'était ! J'entendais parler du CO_2, je croyais que c'était de l'oxygène pour les pompiers !

Seulement, dans mon milieu, au moindre bruit qui circule, tu tends l'oreille… Il suffit de voir qui parade, qui dépense sans compter dans Paris, pour comprendre qu'un nouveau filon est sur le marché.

Et, si y a un plan pour se refaire ou toucher le pactole, je suis là. J'observe et j'attaque. Comme derrière les petits vieux pendant leurs parties de cartes, j'analyse le jeu avant d'entrer dedans.

Sur le CO_2, ça faisait déjà six mois que les mecs se gavaient ! L'arnaque consistait à encaisser la TVA que l'État avait mise en place sur des quotas carbone sans la reverser. Moi, j'ai juste compris que c'était une nouvelle mine d'or. Et, ça, c'est mon domaine. Encaisser la « tève » sans la reverser, c'est pas sorcier. Le plus dur, c'est de trouver le produit. Que ce soit les téléphones, les encarts publicitaires ou les jeans, c'est le même principe, mais il faut bien appliquer cette taxe sur quelque chose, et il faut surtout beaucoup de marchandises pour gagner beaucoup d'argent.

Les quotas carbone, c'était une vraie embellie. Tout était virtuel. On montait des sociétés, et en quelques clics on achetait, on vendait, on encaissait et on disparaissait. Comme si l'État avait ouvert les coffres en nous disant : « Allez-y, servez-vous ! »

En voulant instaurer un système qui permettrait aux entreprises d'acheter et de vendre des quotas de CO_2 en Europe, l'État était devenu le premier blanchisseur de notre pognon !

On la tenait, notre revanche sociale ! Pour la première fois, c'était l'école de la rue qui niquait l'école de la République ! J'ai mis les gaz. J'ai monté des sociétés à tout-va, multiplié les transactions et encaissé 20 % de tout. J'ai pris une tonne !

— Attends-moi, je reviens. Je deviens fou, enfermé dans cette voiture ! Faut que je sache ce qui se passe.

Je sors, chaussé de mes Berluti toutes neuves, et grimpe quatre à quatre les marches qui mènent au palais de justice. À l'intérieur, j'évite les regards et écoute les conversations. C'est une grosse affaire, les journalistes sont certainement en train de patienter devant la salle d'audience, peut-être que quelqu'un a entendu quelque chose, on ne sait jamais... Dans les couloirs, je croise des avocats, des policiers, des gens de tous bords et de tous horizons qui attendent, l'air grave pour la plupart. Je me dis qu'on a tous un jour recours à la justice. Que tu sois petit, grand, riche ou pauvre, il y a forcément un moment dans la vie où tu te retrouves au tribunal.

Le problème, c'est qu'on ne sait jamais comment on y sera traité. Je dis pas qu'ils ne font pas bien leur travail, mais c'est un peu la roulette russe. Il suffit que le juge soit de bonne humeur, qu'il ait passé une bonne soirée la veille, pour que son verdict soit différent.

Putain, pourvu que la femme du mien l'ait pas quitté hier soir ou qu'il ait pas chopé une crise d'hémorroïdes ! J'ai besoin d'un juge bien luné.

Je m'éloigne de la foule et entre dans les toilettes, vides. Je m'enferme à double tour.

— Mon Dieu, me lâche pas... Je t'en supplie... Je sais, je dis ça à chaque fois... mais cette fois c'est vrai ! Je te jure, je recommencerai plus... j'ai compris. Je suis pas un sale mec, tu le sais... je suis un gentil. J'ai arnaqué, d'accord, mais j'ai redistribué ! J'ai arrosé ! J'ai donné pour les écoles, j'ai rempli les frigos des plus pauvres de Belleville, aidé toutes les associations... Regarde tout ce que j'ai payé ! Je te promets, si je m'en sors, je ferai shabbat tous les vendredis, j'irai à la synagogue tous les matins, je te jure, je te jure...

Mon téléphone se met à vibrer dans la poche intérieure de ma veste. Je regarde le message écrit en lettres majuscules : « MARCO, T'AS PRIS HUIT ANS ! »

Mes jambes tremblent.

Huit ans ? Putain, ils sont fous... J'ai pris huit ans ! C'est énorme ! Pour escroquerie ? Y a des mecs qui tuent leur femme et qui prennent pas huit ans !

Faut vite que je sorte d'ici avant qu'ils me chopent. Je m'apprête à ouvrir la porte quand tout à coup j'entends des pas. Merde ! Je referme aussitôt. Quel con ! Pourquoi j'ai pas attendu dehors ? Je me suis pas présenté, c'est pas pour me rendre maintenant, et encore moins pour me faire arrêter au tribunal.

Je lève la tête à la recherche d'une fenêtre, d'une bouche d'aération, d'une trappe... n'importe quoi !

— Huit ans pour escroquerie, c'est une condamnation exemplaire, dit une voix d'homme. Ça fera sûrement jurisprudence...

— Moi, je pense qu'ils auraient dû rajouter un an pour crime contre la langue française ! répond l'autre voix en rigolant grassement.

Quelle bande de connards ! Ils savent pas que si je veux je les achète, je les vends et je les revends... Pas besoin d'aller à l'école pour ça !

J'essaye de rester calme et silencieux, mais à l'intérieur je bous. Mon téléphone s'agite à nouveau. Les deux mecs comprennent qu'ils ne sont pas seuls et arrêtent net leur conversation avant de sortir rapidement.

Je respire.

J'ouvre tout doucement la porte et m'apprête à me sauver à mon tour quand je remarque, près du lavabo, une sacoche en cuir vieille de cent ans, d'où dépasse une robe d'avocat. L'un des deux a dû l'oublier là...

— Bien fait pour sa gueule ! je lâche à voix haute en regardant le plafond, comme pour remercier le ciel.

Sans réfléchir, j'enfile la robe et m'observe dans la glace. Qu'est-ce que je suis play-boy dedans, un vrai ténor du barreau ! J'aurais été un super bon avocat en vrai... Malheureusement, j'ai passé plus de temps sur le banc des accusés que sur les bancs de l'école. Tous ces petits bourges-là qui se la racontent avec leur savoir, c'est tous des trouillards ! Ils seraient incapables de faire ce que j'ai fait, ils ont trop peur ! Moi, je crains personne sauf Dieu... et ma femme. Les autres, je les emmerde !

Je quitte le tribunal par la grande porte et dévale fièrement les marches en pierres blanches. À la Arsène Lupin. Mamadou me regarde et sourit en me voyant.

— Je comprends pas... T'es rentré coupable et t'es ressorti avocat ?

— Démarre, vite !

— Je vais où ?

— Je sais pas, je m'en fous, j'ai pris huit ans !

— Huit ans ? Mais non...

— Vas-y, roule ! je lui crie pour le secouer.

Mamadou appuie sur l'accélérateur et se met à slalomer dans les rues de Paris pendant que je retire ma tenue.

Mon téléphone n'arrête pas de sonner. Encore mon avocat... Je vois pas bien ce que je peux lui dire ni comment justifier le fait que je ne me sois pas rendu.

— Comment ça se fait que t'as pris autant ? m'interroge Mamadou, inquiet.

— J'en sais rien, demande au procureur. Depuis le début, il peut pas me saquer ! Il m'en veut, je sais pas pourquoi…

— Il en veut à tous les escrocs, j'imagine…

— Mais je suis pas un escroc, je suis un affairiste ! Et un affairiste, ça fait des affaires ! Qu'est-ce qu'ils veulent de moi ? Ils pensent que m'enfermer huit ans ça va changer quelque chose ?

Mamadou se tait. Il sait que quand je suis dans cet état il vaut mieux ne pas me contredire. Je profite d'un arrêt au feu rouge pour donner la robe et mon iPhone tout neuf à un mec qui fait la manche.

— Tiens, prends ça ! Tu vas être beau gosse avec, mon frère…

Le type n'en croit pas ses yeux !

— Putain, Marco, on fait quoi, là ? On va où ?

— Oh ! Mamadou, calme-toi ! C'est pas toi qui vas prendre huit ans.

— T'es marrant, toi ! J'ai pas envie d'être complice !

— Complice de quoi ? T'as rien fait, tu me déposes juste à la gare.

— À la gare ? Pour quoi faire ?

— D'après toi ? Pour partir en vacances… J'avais dit au juge de mettre le verdict au mois de septembre. Il a pas voulu… Ben, tant pis… Il va attendre.

— Sans déconner, Marco, faut que tu te rendes ! Tu vas pas te sauver, quand même ?

— Je me sauve pas, je prends du recul… J'ai besoin d'un peu de temps pour m'organiser… mettre à plat mes affaires…

— Tes affaires ? Mais quelles affaires ? Ils ont tout saisi, on peut plus travailler !

— Justement, faut que je me refasse ! Ils m'ont tout pris ! Mon appartement, mes comptes, mes montres... sans parler des bijoux de ma femme !

Ma femme, la pauvre, elle doit être dans tous ses états... Elle voulait rester pour le verdict, mais je l'ai convaincue de partir à Cannes avec les enfants.

— À quoi ça sert de rester ici ? j'ajoute. Quitte à s'angoisser, autant que ce soit au soleil !

J'ai toujours trouvé plus sympa de pleurer dans une Rolls-Royce que dans le métro...

— Arrête, Marco, tu ne vas pas me dire qu'avec tout ce que t'as pris t'as rien mis de côté ?

Cette remarque me rend dingue.

— J'ai pris beaucoup d'argent mais j'ai eu une tonne de frais ! Ça fait sept ans que c'est fini, le carbone. Tu vois bien tout ce que je dépense, tout ce que je donne... Je le fabrique pas, l'argent !

Il lève les yeux au ciel, ça m'agace encore plus !

— Toute ma vie, j'ai travaillé, j'ai gagné de l'argent... Ils « croivent » quoi ? Que j'ai attendu le carbone pour être riche ? Je l'étais avant ça ! Et tout ce que j'ai fait, je l'ai fait pour ma famille !

— Et un peu pour plaire aux meufs, quand même ?

Je me marre.

J'allume la radio, histoire de voir si l'info est déjà sortie... La voix d'Akon résonne dans mes oreilles. J'adore...

— Mon père, il dit que c'est bien de manger l'entrecôte mais faut savoir la chier ! lance Mamadou.

J'éclate de rire.

— Ton père aussi, il était boucher ?

Le mien l'était sur le boulevard de Belleville. Chaque vendredi et veille de fêtes juives, on se disputait, ma sœur et moi, pour lui donner un coup de main. C'est là que les femmes achetaient en quantité pour toute la famille et comme, « Dieu bénisse », chez nous, on est nombreux, les caisses se remplissaient vite. Idiots qu'on était, on tapait dedans en pensant naïvement qu'il ne voyait rien... Tu parles ! Il savait tout, il l'avait fait avant nous...

Affalé sur mon siège, je ferme les yeux et me mets à chantonner.

L'image de ma mère demandant deux francs à mon grand-père pour acheter de la viande me revient. Trop fière qu'elle était pour réclamer à mon père quoi que ce soit depuis qu'il était parti pour une autre...

Je crois que c'est ce jour-là que je suis devenu un homme...

Mamadou me sort de ma rêverie :

— T'as peur ?

— Oublie la peur... Comment vous allez faire, tous, si je pars pour huit ans ? Ma femme... mes enfants... ma mère... Et ta mère à toi ? Personne ne vit si je suis pas là pour ramener de l'argent.

— Ma mère, elle s'en fout ! Elle veut juste pas que j'aille en prison !

— La mienne non plus ! je lui réponds en rigolant.

— Tu sais, le monde va continuer de tourner. Regarde, t'étais pas là pendant deux piges et on s'est démerdés ! On a bossé, on a mangé… C'était moins bien mais on a survécu quand même !

— Tu m'as cassé les couilles avec ton père, ta mère… Arrête-toi devant le tabac et va me chercher deux paquets de cigarettes et trois téléphones prépayés, s'il te plaît.

Je lui tends un billet de cent euros et l'observe descendre en se mordant les lèvres. Je comprends qu'il ait peur, c'est un gamin… Je profite de la fin de la chanson pour changer de fréquence. Ça y est, on en parle…

« Douze personnes étaient jugées aujourd'hui, seul Marco Mouly manquait à l'appel. Il écope de huit ans de prison et d'une amende de 283 millions d'euros à rembourser conjointement… »

Je coupe le son.

283 millions… Ils sont fous ! Où je vais leur trouver tout cet argent ?

Sonné, je bredouille à Mamadou, qui remonte en voiture :

— Ils m'ont condamné à 283 millions…

— Quoi ?

Je hoche la tête.

— Mais pas tout seul ? il me sort.

Je hurle.

— Tout seul ou pas, on s'en fout ! Même à deux, ça change quoi ? Ils veulent me prendre huit ans de ma vie et deux cent quatre-vingts plaques ! Trente barres par an ! Tu te rends compte ? Je veux bien leur donner un an et trente millions mais pas huit et trois cents briques !

— Comment tu vas faire ?

— Ben je vais les gagner ! Je vais me casser à l'étranger et je vais les gagner. Je peux lever vingt ou trente briques en un an…

Il me regarde comme si j'étais fou.

— Quoi ? Je négocie ma peine, et là je suis OK pour me rendre…

— T'as un mandat d'arrêt, Marco… et le juge a gardé ton passeport. Tu vas faire comment pour aller à l'étranger ?

Mamadou gesticule dans tous les sens, avec ses longs bras, il ressemble à un épouvantail.

— On dirait que tu me connais pas… Je peux faire *Pékin Express* sans un sou, laisser un mois d'avance aux autres joueurs et j'arriverai quand même le premier ! Et peut-être même en jet privé !

— Mais quel rapport, *Pékin Express* ? T'as fait le casse du siècle ! Qu'est-ce que tu veux de plus ? Huit ans, ça te suffit pas ?

— Les limites, c'est moi qui les mets.

Je resserre le col de ma chemise blanche, mets mes lunettes de soleil et allume une cigarette.

— Je vais leur prouver, à tous ces cons, que même le temps ça s'achète !

2

C'est le grand rush gare de Lyon. Des milliers de voyageurs courent dans tous les sens, traînant leurs bagages, un billet à la main.

Je suis le seul au milieu de cette foule à n'avoir aucun des deux. Je dois vite me barrer sur la côte.

C'est là qu'ils m'attendent tous. Ma famille, mes copains.

Debout face au panneau lumineux, j'essaye de déchiffrer les horaires de départ. Je comprends rien… Un petit jeune d'à peine vingt ans, la guitare à l'épaule, se tient à côté de moi. Lui aussi consulte le tableau.

— Tu peux me dire à quelle heure part le train pour Cannes ? je l'interroge.

— Il vient juste de partir. Le prochain est à 16 heures.

Trop tard. Je peux pas attendre.

— Y a rien d'autre ?

— Non… Il y en a un pour Lyon dans dix minutes mais pas Cannes…

— Celui-là, c'est bien. Tu peux m'accompagner ?

— À Lyon ? il me demande en rigolant.

— Non… À Cannes. Tu sais jouer du Gipsy Kings ?

— Ben ouais… Je suis gitan.

— Alors viens avec moi, je vais te faire bosser pour mes potes à Saint-Trop' et à Cannes, ça te fera un peu d'oseille pour les vacances.

— Sérieux ?

Il hésite… Je lui glisse quelques billets dans la main.

— Sérieux ? il redemande, étonné.

— Oui, sérieux… Allez, grouille-toi, je vais louper le train.

Je n'ai pas le temps d'acheter les billets et pas de Carte Bleue pour le prendre aux bornes. Tant pis, je verrai ça une fois à l'intérieur.

Je me dépêche de rejoindre le quai en prenant soin d'éviter les agents SNCF, les vigiles qui fouillent les sacs et les militaires qui patrouillent avec leurs chiens. Putain, ça fait du monde ! Je sais bien qu'ils ne sont pas là pour moi, mais avec toutes ces histoires je suis devenu parano.

Perquisition, arrestation, condamnation… Ça fait des mois que je vis avec cette pression, qu'ils me suivent partout, qu'ils entrent derrière moi dans les boutiques pour réclamer mes factures, qu'ils listent chacun de mes faits et gestes… Qu'ils constituent minutieusement leur dossier pour me faire tomber.

La justice, c'est comme ta femme, elle peut te ressortir des dossiers vieux de quinze ans. Toi, t'es déjà passé à autre chose… mais, elle, elle oublie pas !

Le train est plein à craquer. Pas un siège libre. On entre dans la voiture-bar encore déserte et on s'installe sur les tabourets les plus proches de la sortie.

« Nous informons notre aimable clientèle qu'un service restauration est ouvert en voiture 4. »

Très vite, le wagon se remplit et la file d'attente s'allonge face au comptoir. L'insupportable bruit de piston à chaque fois que les portes s'ouvrent me fait sursauter. J'ai l'impression d'être un animal encerclé par des fauves. J'ai envie de leur crier : « Entrez ou sortez une bonne fois pour toutes… mais arrêtez d'ouvrir ces putains de portes ! »

Je surveille les allées et venues, je scrute les visages, j'écoute les conversations. Pour l'instant, rien ne me paraît suspect.

Les jeunes à côté de moi bavardent autour d'une bière à propos de leurs derniers examens, une jeune femme a priori fraîchement célibataire raconte à sa copine son récent déboire amoureux. Je peux pas m'en empêcher… c'est plus fort que moi.

— Ne cherchez pas le prince charmant, c'est lui qui vous trouvera, je lui dis.

Un père de famille attend son tour. Il porte fièrement son fils sur ses épaules. Ma gorge se noue. Je détourne aussitôt le regard et me concentre sur le paysage de campagne qui défile derrière les vitres.

Je ne sais pas si j'ai été un bon père. Je ne sais pas ce que c'est. Le mien n'était pas méchant mais c'était un pur modèle d'égoïsme, et j'en suis venu à croire que c'était la norme, j'ai reproduit le schéma sans le vouloir. C'est Valérie, ma femme, qui s'est toujours occupée de nos enfants, de leur éducation, leur scolarité… Moi, je ne sais ni lire ni écrire, je ne pouvais pas grand-chose pour eux, mais contrairement à mon propre père j'ai fait en sorte qu'ils ne manquent de rien. Je subviens à tous leurs besoins, et souvent plus que nécessaire.

Petits, ils attendaient les grandes vacances avec impatience. Le meilleur moment de l'année ! Je laissais tomber mon costume d'homme d'affaires pour me transformer en Gentil Organisateur du Club Med. Le kif, c'est ma partie !

Dès qu'on arrivait sur la Côte d'Azur, on enfilait nos maillots de bain et on fonçait à la boutique de la plage. Là, je mettais le chronomètre et ils avaient cinq minutes pour acheter ce qu'ils voulaient. Des bouées, des seaux, des pelles, des pistolets à eau… Ils pouvaient tout prendre mais dans un temps limité. Une fois le temps écoulé, ils n'avaient plus le droit de changer ni de rajouter quoi que ce soit. C'était le deal. Et tant pis pour les ratés ! Ils avaient beau faire une vraie razzia, ils finissaient toujours frustrés !

Ça me faisait tellement rire… Aujourd'hui, ça me donne envie de pleurer de ne pas passer mon été avec eux.

La pancarte Lyon Part-Dieu apparaît sur le quai. C'est bête, mais ça me rassure. Je suis déjà loin de Paris, et voir le mot Dieu écrit en grand me suffit à me sentir protégé. J'ai une bonne demi-heure avant ma prochaine correspondance, et le train pour Cannes n'est pas encore entré en gare. Je peux pas me permettre de traîner et encore moins de me balader, il y a trop de caméras. Je fume une clope en vitesse sur le quai et rase les murs jusqu'à la boutique Nike. Le gamin, que j'ai surnommé Gipsy, m'accompagne. Il me voit acheter un jogging, un T-shirt et une casquette sans regarder les prix. Il sait pas, lui, que je suis en train d'acheter la tenue réglementaire pour aller en prison.

— Vous partez où ? me demande, tout sourire, la jeune caissière, qui me prend de court.

— Loin.

Je sors une liasse de billets. Elle ouvre de grands yeux.

— Il n'y en a plus beaucoup, des gens qui payent en espèces !

Effectivement. Y a que des gens comme moi.

Je m'en veux d'avoir été aussi négligent. Quel con ! Faut toujours que je me fasse remarquer...

J'enfonce la casquette sur ma tête et me change dans les toilettes de la gare.

Dans le train qui m'emmène au soleil, mon petit musicien me raconte sa vie de saltimbanque. Il a une bonne gueule et veut devenir chanteur.

— Joue-moi *Volare* !

— Là ? Devant tout le monde ?

— T'as dit que t'étais chanteur, c'est pour jouer devant des gens, non ? Pas dans ta chambre !

Il prend sa guitare et se met à chanter dans le bar devant les voyageurs qui s'ambiancent. Certains grincheux râlent dans leur coin mais n'osent pas trop la ramener. Même le contrôleur sourit en entrant dans le wagon. C'est le moment de l'embrouiller, vu qu'on n'a pas de billet.

— Monte le son, je chuchote à l'oreille du môme.

Je tape des mains et entraîne les autres à me suivre. Je me pointe devant l'homme en uniforme et commence à chanter. Avant qu'il me dise quoi que ce soit, je lui explique qu'il nous a déjà contrôlés un peu plus tôt. Je suis tellement détendu qu'il me croit sur parole et part faire son inspection ailleurs...

Avant d'arriver à Cannes, je sors un téléphone et compose le numéro de ma fille aînée. C'est le seul que je connais par cœur.

— Allô ? C'est moi. Je suis là dans un quart d'heure. Envoie quelqu'un.

Je raccroche.

Un chauffeur m'attend devant la gare dans un cabriolet Mercedes noir. Contrairement à ce qu'on peut penser, c'est plus approprié qu'une Renault pour se cacher en Méditerranée, en cette période de l'année. Y a que ça ici ! De la frime, des mecs qui sortent leur belle bagnole pour devenir ce qu'ils ne sont pas, le temps d'un été. J'ai toujours dit que les plus grands tricheurs se cachaient au premier rang.

Tout ici me plaît. Les boutiques luxueuses sur la Croisette, les terrasses de restaurants, les plages les unes à côté des autres que j'ai écumées toute ma vie... Assis sur le siège passager, je vois défiler mes souvenirs d'adolescent et mes vacances en famille dans cette ville que j'aime tant.

L'entrée principale de l'hôtel est à quelques mètres, mais pour la première fois je n'entrerai pas par la grande porte. Pas de « Bonjour, monsieur Mouly. Comment allez-vous, monsieur Mouly ? Ravi de vous avoir parmi nous... ».

Non, pas cette fois...

— On va prendre l'entrée des artistes ! je m'écrie en faisant un clin d'œil complice à Gipsy, assis sur la banquette arrière.

Je monte discrètement l'escalier de service et arrive devant la porte de la chambre.

— Joue *Djobi, Djoba*.

Ma femme et mes trois enfants hurlent de joie en me voyant. Et tout ça en musique ! C'est ce qu'on appelle « soigner son entrée ». Ils sont tellement contents de me retrouver !

Mon avocat les avait prévenus en sortant du tribunal. La sentence a été un choc pour eux. Ils savaient que j'allais être condamné mais, comme moi, ils ne pensaient pas que j'allais prendre autant ! Je les serre fort tous les quatre dans mes bras. Et je les embrasse… Encore et encore… Plus que je ne l'ai jamais fait.

— Je vais passer voir des copains… Je crois que vous avez besoin d'un peu d'intimité…, dit Gipsy.

Il capte vite. Je lui donne un peu d'argent et lui demande de revenir ce soir pour le dîner. À peine est-il parti que mon fils de seize ans, Samuel, m'interroge.

— Mais, papa, ils sont fous ! Huit ans… T'es pas Mesrine, quand même !

Nina, ma plus jeune fille, panique. Je ne suis pas certain qu'à quatorze ans elle comprenne tout ce qui se passe.

— Comment t'as fait pour passer du mec qui arrive toujours à embrouiller tout le monde… à ennemi public numéro un ? me balance ma femme.

Voilà pourquoi je l'aime. Elle me remet toujours à ma place. Je vois bien qu'elle est inquiète. Elle entortille sa mèche de cheveux autour de son doigt.

Ma fille Cindy ne dit rien. Elle a saisi aussitôt en me voyant débarquer que je n'ai pas pu me rendre, pas besoin d'explication, avec elle. Elle me connaît par cœur. On est faits du même bois… du même sang.

Je l'ai eue tellement jeune, j'avais à peine vingt ans. Du haut de ses vingt-cinq ans, elle a tout vu, tout connu. Je sais qu'en mon absence elle saura tenir la famille et faire face aux problèmes. Elle est débrouillarde, intelligente, affûtée… Elle me ressemble.

— Ne vous inquiétez pas. Ça va s'arranger… Au prix où je paye mes avocats, ils vont bien trouver un moyen de réduire ma peine !

Mais là, tout de suite, j'ai besoin de prendre une douche, de me changer. Cette journée m'a épuisé, pourtant je dois commencer à penser à la suite. Je vais devoir quitter la France, et ça s'organise… Mais pour aller où ? Comment ? Avec combien ?

J'appelle le port de Cannes et je réserve un bateau sous un nom d'emprunt. Un yacht. Je mettrai les voiles demain matin aux aurores.

Avec qui ? Je cherche encore.

Il me faut quelqu'un pour m'accompagner. Je vais m'emmerder, tout seul, c'est pas drôle. Et puis je sais pas être seul, j'ai horreur de ça. J'ai besoin de ma cour. À quoi bon faire le show quand il n'y a pas de public ?

Je contacte Jean-Luc, dit « Pinot ». On l'a toujours appelé comme ça. Certainement à cause du personnage de Gérard Jugnot dans *Pinot simple flic*. Sympa, gentil, naïf… le mec le plus facile au monde ! Sans femme, sans enfant, sans bagage, lui, il peut me suivre dans ma galère.

D'autant plus qu'il est à côté, à Juan-les-Pins. Il joue aux cartes avec ses cousins.

Les ragots n'ont pas encore dû arriver à ses oreilles. Au téléphone, il ne me parle de rien. J'ai quelques heures devant moi… Je lui propose de partir en croisière quelques jours, sans donner plus de précisions. Il accepte tout de suite. Pas étonnant, je ne connais personne qui aime plus les vacances que lui ! Je sais qu'on va se marrer.

La tête sur l'oreiller, étendu sur les draps frais, je m'endors. Je me retrouve aussitôt en cellule.

Les coups de fourchette, le racket, les raclées... Tout me revient.

J'ai beau fanfaronner, je peux pas retourner en prison !

Je sors de mon sommeil agité et secoue la tête pour effacer ces images. Je me lève d'un bond et rejoins mes gosses dans le salon. Je veux profiter d'eux au maximum ! Et eux, de moi.

Valérie s'est occupée du dîner. Elle a tout commandé chez Beryte, le restaurant libanais. C'est notre QG à Cannes. Tout ce que j'aime est sur la table : salade fattouche, tabouleh, falafels, kellége... Elle a même demandé à Mounir, le musicien du resto, de monter en même temps que les desserts ! Gipsy est là, lui aussi !

Je sais que c'est notre dernière soirée avant longtemps, il faut que ce soit un moment de joie et de rigolade, sans penser à demain. C'est ce qu'on fait toujours chez les Mouly quand ça va pas... Si le cœur n'y est pas, on met la musique à fond, on chante, on danse, on fait la fête... et on oublie ! C'est notre façon à nous de reprendre des forces, d'être là les uns pour les autres. Notre cri de ralliement, en quelque sorte.

— Qu'est-ce que tu vas faire ? me demande ma grande.

— Je vais me casser.

— Où ?

Je ne réponds pas. Si personne ne sait où je suis, personne ne sait où je vais, et vu que je ne sais pas vraiment moi-même...

— De toute façon, ils vont finir par me choper. En attendant que ça arrive, je vais profiter.

Elle me sourit, les yeux tristes.

— Arrête de t'angoisser, bébé… Ça va bien se passer, je lui dis avec un clin d'œil.

4 heures du matin… Les musiciens sont partis depuis deux heures. Ma femme et mes enfants ont fini par s'endormir. Je n'ai évidemment pas fermé l'œil de la nuit, et j'essaye de faire le moins de bruit possible dans la salle de bains pour ne réveiller personne.

Les prochaines heures vont être cruciales. L'urgence est de quitter la France et de ne pas me faire arrêter avant. La suite, on verra…

J'essuie la buée sur le miroir et me regarde dans le blanc des yeux.

— À partir de maintenant, mon pote, t'es en cavale. C'est pas un jeu, c'est réel. Il faut que tu fasses très attention, que tu changes de mental, que tu te planques… que t'apprennes à vivre caché.

Enfin, caché… caché… façon Marco Mouly… genre Leonardo DiCaprio dans *Arrête-moi si tu peux*.

J'adore ce film ! Inventer des histoires, se mettre dans la peau de quelqu'un d'autre, vivre des aventures pleines d'adrénaline… Je suis trop fort à ce jeu-là.

Je peux être n'importe qui, raconter n'importe quoi avec un aplomb incroyable si ça peut servir mes intérêts. La vérité, on s'en fout complètement, le plus important c'est de convaincre ! Et, si toi t'y crois, tout le monde te croit ! J'aurais vraiment pu être un super acteur !

Je sors de la salle de bains et enfile un bermuda blanc, un polo Ralph Lauren assorti et des mocassins bleu marine. J'ai dans la poche le dernier téléphone prépayé et assez d'argent pour tenir quelques jours. Mais aucun papier d'identité. Le juge a gardé mon passeport. Je m'occuperai de ça plus tard...

Je regarde une dernière fois mes enfants et les embrasse tout doucement. Je préfère ne pas les réveiller. Je leur aurais bien laissé un mot, mais faudrait savoir écrire... Alors je dessine un cœur sur une feuille de l'hôtel. Ils comprendront... Je réalise que j'aurais bien aimé apprendre, c'est utile. Au moins pour dire aux gens qu'on aime qu'on les aime.

Casquette sur la tête, je quitte la chambre sur la pointe des pieds, le cœur serré. Je les appellerai quand je serai en lieu sûr.

Il est à peine 5 heures. Les flics doivent sûrement être en bas à attendre patiemment 6 heures du matin pour monter. Ils n'ont pas le droit de le faire avant, c'est la loi en France.

6 heures, l'heure où ils viennent te lever, comme on dit... C'est sûrement pour ça que je fais rarement des grasses matinées.

Je file par la porte de derrière, où une voiture patiente. Pas la même qu'hier. Une autre, avec un autre chauffeur. J'ai de la chance, il n'y a personne. À travers les vitres teintées, je regarde passer les premiers joggeurs qui croisent les derniers fêtards rentrant de boîte de nuit. Ça me fait sourire. J'ai toujours aimé courir au petit matin avec de la musique dans les oreilles, autant que j'ai aimé sortir et danser jusqu'à pas d'heure.

Là, tout de suite, je ne suis aucun de ceux-là.

Je suis en cavale.

En cavale... Bordel ! Comment j'ai pu me retrouver en cavale, sérieux ? Ça me ressemble tellement pas ! C'est un vrai truc de voyou, ça, la cavale ! Et moi je suis pas un voyou !

Mon problème, c'est que je saute sur toutes les occasions sans penser aux conséquences. Je réfléchis après. J'attends la galère, je l'anticipe pas. Comment j'ai fait pour me laisser griser ? Pour ne pas avoir anticipé la suite et oublier ce qui était important à mes yeux ? Je me retrouve à abandonner ce que j'ai de plus cher. Si c'était à refaire, je suis pas sûr que je le referais.

J'entre dans le port Canto. La voiture me dépose devant le quai où m'attendent mon yacht et mon équipage. Le capitaine me reconnaît, il m'a emmené plusieurs fois à Saint-Tropez ces dernières années. Il me demande de le payer d'avance. L'annonce de mon jugement s'est répandue comme une traînée de poudre et chacun réclame sa part du gâteau. D'un coup, les prix flambent ! Il exige trois fois le montant habituel. J'ai pas le choix, je paye. Si un capitaine que je connais à peine pense déjà à me prendre de l'argent, j'imagine pas ce que ça va être avec ceux que je connais. À partir de maintenant, je vais avoir plein de « copains » qui n'en seront plus vraiment.

Il va vite falloir envisager des solutions, parce que je sens que tout va me coûter très cher et je suis pas sûr d'avoir les moyens à long terme. Je ne sais pas exactement ce qu'il me reste et je peux plus faire n'importe quoi, maintenant qu'ils ont fermé les vannes. Bien sûr, j'ai pris beaucoup dans cette affaire, mais j'en ai aussi claqué énormément. Et j'ai redistribué ! Y en a une flopée qui comptent sur moi ! Comment ils vont faire si on m'enferme ?

J'appellerai mes avocats un peu plus tard, voir ce qu'ils préconisent pour la suite. Je vais trouver un moyen de me sortir de ce bourbier !

L'angoisse monte.
Vraiment.
Ça y est… Je pars…
Faut pas que je regarde derrière moi.
Pas que je pense aux conséquences.
Rester dans l'urgence.
C'est là que je suis le meilleur.

Pinot arrive. Bronzé, en maillot de bain, son petit cabas à la main, il croit vraiment qu'on part en vacances ! Son sourire, sa gentillesse, son charme… Qu'est-ce que je suis content de le voir ! Il enlève ses espadrilles et monte sur le bateau.

— On se ferait pas un plat de pâtes alle vongole ce midi ? il me dit en salivant.

Je fais signe au capitaine…

Le juge n'a pas voulu attendre septembre ? Rien à foutre ! Ma cavale aura le goût des vacances ! Et elle va me ressembler… Cap sur l'Italie, baby !

3

Attablé à la terrasse d'une trattoria de Vintimille, je réfléchis à la prochaine étape, à un endroit sympa où je pourrai me détendre et où on ne pourra pas me trouver. J'aimerais faire disparaître ce poids qui pèse sur mon cœur, me sentir à nouveau léger… comme Pinot, qui finit son troisième verre de Minuty.

— Heureusement que t'as pas l'alcool mauvais, parce qu'à l'allure où tu picoles… !

— Oh ! ça va… C'est les vacances !

S'il savait…

Le mec est tellement dans son monde que même le capitaine du yacht est au courant avant lui ! Mais je suis pas dupe, je sais bien que je vais pas tarder à être la cible de tous les ragots. Mon petit microcosme juif parisien est pire que la police. Ils savent ce que tu fais, où tu es, avec qui… mieux que toi ! Que ce soit vrai ou pas, ils s'en foutent, eux, ils savent… Et, Dieu bénisse, ils parlent !

Le serveur italien pose nos plats sur la table. Pinot se jette sur ses pâtes.

— Doucement… On croirait que tu sors de prison !

Le pauvre… Il sait déjà que je vais passer mon temps à le charrier, à sauter sur le moindre détail qui va me faire rigoler…

— Dis-moi… T'as prévu des chaussures ou tu comptes rester en tatanes tout le séjour ?

— Mais je suis en vacances, putain !

— Et alors ? On ne sait pas sur qui on peut tomber ! Imagine qu'on rencontre des hommes d'affaires, faut que t'aies de l'allure !

— Les hommes d'affaires aussi, ils mettent des maillots de bain et des tongs…

— Tais-toi et laisse-moi faire ! On termine de déjeuner et je t'emmène faire du shopping ! Avec un peu de chance, tu trouveras peut-être même une nana !

— C'est pas les nanas qui manquent, c'est l'oseille !

J'éclate de rire.

— Mais même avec tout l'argent du monde tu peux pas garder une fille, t'es trop gentil ! Les filles, elles n'aiment pas les gentils.

— Je vais pas devenir méchant pour avoir une fille, c'est n'importe quoi !

— Tu comprends vraiment rien…

Il se marre.

Après le déjeuner, on se balade un peu dans la ville. Je repère une boutique de vêtements pour hommes. Un simple coup d'œil aux costumes en vitrine et je sais aussitôt que ça va me plaire. Le pantalon en lin beige est coupé exactement comme j'aime, et j'ai pas besoin de toucher le petit pull en cachemire qui va avec pour savoir que c'est de la super came.

La sape, c'est mon truc depuis mes treize ans ! Depuis que j'ai compris que l'habit faisait justement le moine.

Ma première affaire, je l'ai faite avec des T-shirts dans le quartier du Sentier, haut lieu de la confection dans les années 1980. J'étais rentré dans une boutique et j'avais demandé au vendeur le prix pour dix mille pièces. Ce dernier, amusé de voir un gamin aussi jeune, m'avait annoncé un tarif à deux francs cinquante l'unité.

— OK. Je vais le dire à mon père. Il attend dehors…

Je ressors, chope le premier vieux qui passe dans la rue et fais semblant de discuter.

— Il est d'accord pour un franc cinquante, je lui lance en revenant.

Affaire conclue !

Mais je n'ai que mille balles sur moi et il faut encore que je l'embrouille… Honnêtement, je ne me souviens plus trop de ce que je lui ai raconté, mais je me rappelle qu'une heure plus tard je repartais avec quatre cartons remplis de marchandise !

Grâce à cette affaire, j'ai gagné pas mal d'argent à l'époque et j'ai pu installer ma mère, mes frères et sœurs dans un appart plus grand.

À peine entrés, on est accueillis par la vendeuse italienne, tout sourire.

— Vous parlez français ?

— *Sì*, dit-elle.

— Edward Lewis… enchanté.

Pinot saisit aussitôt mon allusion à *Pretty Woman*. Je connais le film par cœur, j'ai dû le voir cent fois avec ma femme !

— Vous voyez ce jeune homme ? Dans votre boutique, y a-t-il des choses aussi belles que monsieur ?

Elle acquiesce. Pinot éclate de rire.

— Ça tombe bien, parce que nous comptons dépenser une somme d'argent absolument indécente !

La jeune femme comprend que ça va être une grosse vente et ferme la porte pour ne se consacrer qu'à nous. C'est con, mais j'adore être traité comme ça, en VIP, c'est encore plus kiffant que d'acheter les vêtements.

Très professionnelle, elle me ramène ce qu'il y a de plus beau et de plus cher. Je prends un costume en coton bleu marine et le tends à mon acolyte.

— Tiens, essaye ça !

Il file en cabine pendant que je fais mes propres looks. Pas besoin d'essayer, je sais exactement ce qui me va.

— Je crois que j'ai jamais été aussi beau gosse ! s'exclame mon pote en s'admirant dans la glace.

— D'où t'es beau ? T'es petit et gros ! T'es pas beau, tu fais riche ! C'est pas pareil… Apprends une chose : quand t'es sapé comme un prince, personne ne vient vérifier ce que t'as dans les poches.

C'est ça, le secret…

En sortant de la boutique, je monte dans un taxi pour la gare. Pinot me regarde, interrogateur.

— On part pour Gênes. Vintimille, c'était juste pour le shopping.

— Ça va ? T'as l'air bizarre…, il me demande, inquiet.

— Tout va bien… Je réfléchis. Réserve un hôtel près du port avec ta carte, je te donne des espèces.

— Pour combien de nuits ?

— Une seule. J'ai tué personne… Y a rien à foutre à Gênes !

Le port n'est pas ce qu'il y a de plus beau mais c'est un des plus grands de la Méditerranée. Des bateaux du monde entier transitent toute la journée vers la Sicile, la Sardaigne, le Maroc, la Tunisie... Il faut que je quitte l'Italie rapidement, et passer par la mer est encore le moyen le plus sûr.

Mais pour aller où ?

La logique voudrait que je réfléchisse à un endroit où me poser, où je pourrais refaire ma vie en toute sécurité, mais franchement, là, tout de suite, je ne pense qu'à m'amuser.

Je descends sur le port aux alentours de midi. Mon camarade a pas mal picolé la veille et ronfle encore.

Je m'installe à une terrasse de café et examine méticuleusement le bal des ferrys. Des bateaux accostent toutes les demi-heures, avec à chaque fois du personnel à l'entrée chargé de vérifier les billets et les pièces d'identité de tous les passagers... Je suis dans la merde.

Pinot me rejoint :

— On va où ? dit-il, la mine chiffonnée.

Je lui ai vendu des vacances... Il faut que je lui trouve une destination sympa, maintenant !

Un groupe de touristes se masse sur le quai. Ils sont environ une cinquantaine à écouter religieusement un homme qui tient une pancarte « MYKONOS ».

Je saute sur l'occasion.

— Ça te chauffe, Mykonos ?

— Grave !

— Alors va prendre deux billets et rejoins-moi directement sur le pont.

J'entre dans le groupe comme si de rien n'était et m'aperçois qu'ils ont tous un badge au nom de l'agence de voyages accroché à leur T-shirt. Je me faufile vers l'homme à la pancarte et fais semblant de l'écouter.

Près de lui, une septuagénaire attend, chargée comme une mule, qu'il finisse son speech pour l'aider à porter ses paquets. Je patiente quelques secondes pour voir comment il va se comporter. Est-ce qu'il va faire comme si de rien n'était et la laisser en galère ? Va-t-il demander à quelqu'un de l'aider ?

Les dernières recommandations données, il pose son panneau pour lui porter secours.

C'est le moment !

Je me précipite et prends l'écriteau sans que l'homme ait le temps de réagir. Je l'entends baragouiner quelque chose, mais je me dirige déjà vers la passerelle et tout le petit groupe me suit, y compris la vieille !

Le contrôleur à l'entrée nous voit tous arriver en masse et me fait signe de passer !

Une fois sur le pont, je rends la pancarte au guide, qui me remercie poliment de l'avoir soulagé dans sa tâche. La dame surenchérit.

— Quel gentleman… On n'en fait plus, des comme vous ! Dommage, j'aurais bien voulu qu'elle témoigne hier, celle-là !

Je rejoins Pinot au bar. Il a déjà commencé l'apéro.

— Y avait plus de cabine.

— C'est-à-dire, y avait plus de cabine ?

— Tout est complet, on doit passer la nuit sur les fauteuils du salon.

— Tu me charries ?

— Non… et ça m'a coûté quatre cents balles !

Je sors de ma poche un billet de cinq cents, qu'il s'empresse de prendre.

— Bon… ben, les cafés, c'est pour moi !

Le bateau commence à se vider petit à petit, et les voyageurs ne tardent pas à aller se coucher tandis que nous restons comme deux cons dans le restaurant à picoler et à refaire le monde. Épuisé et ivre, Pinot finit par s'endormir sur la banquette. Moi, je tourne en rond. J'erre comme un fantôme à la recherche de quelqu'un comme moi qui ne dort pas et qui aurait envie de discuter. Je croise une femme de ménage en train de nettoyer le bar. Elle a des AirPods dans les oreilles et dit aussitôt en me voyant approcher :

— Le bar est fermé.

Je comprends qu'elle n'a pas envie de parler, mais je m'assois quand même en face d'elle, pour me sentir moins seul. Elle me fait penser à ma femme. Elle aussi, elle met sa musique dans les oreilles quand elle en a marre de m'entendre.

La musique a toujours eu une grande place à la maison. Qu'est-ce qu'on était malheureux quand la boutique Virgin a fermé sur les Champs-Élysées. Toutes nos soirées démarraient là-bas. On écoutait tout, on achetait des dizaines et des dizaines de CD qu'on remettait à fond à peine arrivés chez nous. Ça me coûtait un fric fou !

Que je sois en cavale ou en prison, je prends conscience de tout ce que je vais louper. Je vais finir par perdre la main dans mes affaires et perdre ma place dans le lit de ma femme. C'est certain. Elle va prendre l'habitude de dormir sans moi, mes enfants vont grandir et devenir des adultes... Le monde va tellement vite, si ça se trouve, quand je reviendrai, les bateaux, ils voleront !

Qu'est-ce que je vais devenir ? Je peux pas être un fugitif toute ma vie... Et je n'ai pas non plus envie qu'ils me chopent à soixante-dix ans... J'aspire à autre chose pour mes vieux jours. Vivre pénard, profiter de mes petits-enfants, continuer de me disputer avec ma femme...

Je plains tellement les couples qui ne se disputent pas. Qu'est-ce qu'ils doivent se faire chier ! Nous, on se prend la tête tout le temps, c'est notre mode de fonctionnement. Elle, elle passe sa vie à me critiquer, et moi je passe la mienne à essayer de m'améliorer pour lui plaire !

Elle est tellement belle, ma femme... Même après trente-cinq ans de mariage, j'ai toujours aussi peur qu'on me la pique !

Au comble de l'angoisse, je retourne au restaurant pour réveiller Pinot. Il ronfle tellement fort que j'ai honte même s'il n'y a personne dans la pièce !

Vu ce qu'il boit, ce n'est pas étonnant qu'il cuve. Je crois que lui non plus il ne va pas très bien en ce moment... Il bossait pour un pote qui l'a lourdé quand il n'a plus eu besoin de lui. Il est comme la plupart de mes copains, il vit au jour le jour et saisit les opportunités quand elles arrivent. Un resto qui ouvre et qu'il faut tenir, un coup immobilier à faire, un service à rendre... C'est toujours lui qu'on appelle ! Il est mignon, souriant, partant... Il a un côté Richard Anconina, avec son air timide, discret, sans cesse un peu mal à l'aise. Tout le contraire de moi ! C'est certainement pour ça qu'on s'entend aussi bien et que je l'ai choisi pour cette aventure.

Moi, j'ai besoin de parler tout le temps, et lui il fait semblant de m'écouter !

Je m'assois près de lui sans faire de bruit et le regarde dormir. Je l'envie... Parfois, j'aimerais ne pas être qui je suis. Être normal, moins tête brûlée, vivre une vie plus simple. Je sais que beaucoup me jalousent, mais ils ne savent pas à quel point je rêverais d'être comme eux.

Oh ! putain, non ! Voilà que Pinot se colle à moi et m'enlace dans son sommeil... Déjà que je suis stressé, il va finir par me rendre mélancolique ! Trop, c'est trop, je craque !

Je me lève d'un bond et sors sur le pont supérieur. Le jour est en train de se lever et un jeune mec est assis sur un tapis, les mains jointes devant lui. Je comprends pas trop ce qu'il fait, mais ça me fait rire. J'allume une cigarette et m'approche de lui :

— Ça va ? je lui demande pour faire taire le silence.

— Je médite, me chuchote-t-il avant de fermer les yeux.

Ce n'est pas possible ? C'est quoi, ce bateau ? Y en a aucun qui veut parler ? « Méditer » ? J'ai pas la moindre idée de ce que ça veut dire, mais ça m'angoisse déjà !

Je reste à côté de lui, histoire de ne pas être seul, et j'admire Mykonos qui apparaît au loin. Je ne sais pas si c'est le fait de voir une île ou ces maisons blanches et bleues qui me rappellent mon enfance, ma Tunisie natale, mais je lâche pour la première fois le soupir que je contiens depuis quelques jours.

Cet endroit est tout ce dont j'ai besoin.

Je contacte un agent de voyages aux États-Unis qui a l'habitude de s'occuper de moi et lui donne pour mission de me réserver une chambre.

Le hic, c'est que c'est noir de monde et tous les hôtels sont pleins à craquer. Après quelques recherches, il finit par me trouver une suite présidentielle à trois mille euros la nuit.

— Trois mille euros ? Sans déconner ? C'est pas un prix, c'est un braquage !

Je donne le numéro de carte de Pinot pour la réservation mais lui demande de ne prendre que l'empreinte, je payerai tout en arrivant. Le pauvre... Je crois que son banquier va faire une attaque !

C'est très cher mais ça les vaut !

La suite est sublime, il y a une piscine privative sur la terrasse, la vue sur la mer.

Là, je kiffe.

Si ma femme était là, elle me dirait d'acheter une maison dans ce genre, direct ! Elle me fait le coup à chaque fois qu'on est quelque part... Heureusement pour moi, elle se lasse vite et elle change d'avis au bout d'une semaine. Sinon, je ne sais pas combien j'aurais de baraques.

En ville, on loue un petit scooter pour faire comme tout le monde. Les rues sont tellement étroites que c'est le moyen le plus sûr pour se déplacer. Je m'installe derrière Pinot, et là, sans même se regarder, on a un fou rire. Tous les deux assis l'un derrière l'autre sur cette mobylette, lui avec son gros ventre, moi avec mes grandes jambes... on dirait Charles Gérard et Jacques Brel dans *L'aventure c'est l'aventure* !

J'en ris encore quand on arrive à la plage. Et quelle plage ! Je n'ai jamais vu ça !

Une ambiance de dingue ! Des filles plus belles les unes que les autres, des DJ plus connus les uns que les autres… C'est jet-set à mort… On se croirait à Ibiza mais en plus classe.

J'adore !

Faut absolument que j'appelle mes copains pour leur dire à quel point c'est génial !

Je compose le numéro de Titi, mon ami de toujours. Je comprends au ton de sa voix qu'il est au courant de tout mais il ne me parle de rien.

— Faut que t'ailles à Mykonos, Titi, il paraît que c'est la guerre !

— Jure, t'es à Mykonos ?

— Non, j'y suis pas… Mais toi faut que t'y ailles !

Thierry éclate de rire. Je lui demande si tout va bien. J'ai pas besoin de finir ma phrase, il comprend que je veux savoir comment vont les miens. Ça m'étonnerait que les flics les emmerdent, ils savent qu'ils n'y sont pour rien. Ils me connaissent, je suis pas une balance, je mouille jamais personne. J'assume toujours tout. C'est pour ça que mes copains ne restent jamais très longtemps en garde à vue…

Titi me rassure mais rajoute :

— Tu nous manques quand même…

Je sens ma gorge se nouer et lui raccroche au nez. Il a réussi à me foutre les boules, ce con !

Je chope le serveur :

— Amenez-moi un jéroboam de champagne, s'il vous plaît.

Le jeune homme s'exécute.

— Ah, ça y est, on se détend ? me demande Pinot, aux anges.

— Ça y est…

Durant trois jours, j'écume les plus belles plages, dîne dans tous les restos branchés, danse dans toutes les boîtes de nuit… Cette île ne dort jamais ! Ça tombe bien, moi non plus, je ne veux pas dormir. Je veux m'anesthésier, penser à rien et prendre du plaisir. Rien d'autre ne compte.

Pinot s'éclate autant que moi. Relations publiques dans l'âme, il parle à tout le monde, invite des gens qu'on connaît même pas à notre table, drague à tout-va… Il kiffe tellement que je pense que, si le juge le voyait, il le coffrerait aussi !

À ce rythme-là, je ne tiendrai pas toutes les vacances… enfin, toute la cavale. On dépense à tel point que je me fais peur ! Je dois trouver une solution d'urgence pour renflouer les caisses, sinon, on est morts !

Il doit forcément me rester des comptes quelque part que la police n'aurait pas saisis ! J'en ai tant ouvert à des noms différents dans des pays où je ne me souviens même pas être allé que c'est probable qu'ils en aient oublié…

Je décide d'aller à Athènes pour vérifier et quitte Mykonos, mort de fatigue et quasi fauché.

Sur le ferry, je prie pour qu'il reste quelque chose, et en arrivant à la banque je suis encore en train de prier.

Le problème est que je ne me souviens plus du nom que j'ai utilisé. J'en essaye quelques-uns, mais aucun ne correspond. Je finis par demander à parler au directeur, qui, lui, me reconnaît aussitôt.

— Bonjour, monsieur Dabi.

Ah, voilà, c'était à ce nom-là…

— Je suis désolé, mais vos comptes sont bloqués depuis plusieurs mois déjà…

Décidément, ils sont plus rapides pour saisir mon argent que pour me serrer ! Quelle galère… Je vais être obligé de faire venir quelqu'un pour me défaucher et le plupart de mes potes sont en vacances à Tel-Aviv. Autant me rapprocher…

Dans la rue, je hèle un taxi et lui demande si on est loin de la Turquie.

— *Tourquie* ? Huit cents kilomètres, répond-il en roulant les *r*.

C'est jouable.

— Combien ?

— Mille.

Ça aussi, c'est jouable.

— Tu sais s'il y a des douanes sur le chemin ?

— Douane ? Nonnn…

— Sûr ?

Il a l'air de l'être, même si j'ai l'impression qu'il n'a pas tout compris… Je décide de lui faire confiance et monte en voiture avec lui.

— T'avais pas ton verdict, là ? m'interroge Pinot, soudain nerveux.

Ça y est, il percute…

— Si. J'ai pris quatre ans sans mandat de dépôt. Je dois voir le juge au mois de septembre pour négocier…

Je propose au chauffeur de mettre de la musique, histoire de changer de sujet.

— Marco, tu me fais pas une embrouille, là ? Promets-moi que tu me mets pas en galère !

— Putain, c'est pas possible, t'es comme les pigeons, toi ! Tu manges et tu grognes après ! On vient de faire trois jours de kif, j'ai pas du tout envie de me prendre la tête.

— Pourquoi ton téléphone est constamment éteint ?

— Parce que je suis en vacances et je veux pas qu'on me casse les couilles… et là tu me les casses grave !

Je me retourne pour ne plus l'entendre et sombre quelques minutes plus tard.

4

— Marco, Marco, réveille-toi !

Pinot tremble comme une feuille. Cotonneux, je regarde autour de moi sans comprendre. Le taxi vient de tomber en panne à quelques mètres d'un poste de contrôle.

Il est 6 heures du matin, on est au milieu de nulle part sur une route rocailleuse et, hormis deux douaniers turcs, il n'y a pas âme qui vive.

— Ça pue, Marco… Ça pue…

Pinot chie dans son froc. Moi aussi, je commence à flipper… Je m'en prends au chauffeur, qui s'apprête à descendre.

— Tu me fais un coup de vice ? Comme par hasard, tu tombes en panne juste devant la frontière ?

Le mec ne semble pas saisir mais se met à crier plus fort que moi.

— Il a peut-être parlé de nous à quelqu'un ? Va savoir si c'est pas un coup monté ? chuchote Pinot, paniqué.

On va bientôt en avoir le cœur net…

Je descends de la voiture et me présente aux deux jeunes qui montent la garde. Je leur explique que je viens faire du shopping en Turquie mais que mon taxi est tombé en panne. L'un des deux comprend un peu le français et va voir le taxi pendant que je discute avec l'autre. Je lui demande s'il connaît un chauffeur qui peut venir nous chercher. Évidemment, il a un frère ou un cousin qui n'est pas loin et qui sera ravi de gagner un peu d'argent… Dans ces pays, ils ont toujours un frère ou un cousin !

Je propose de doubler sa course s'il vient vite, tandis que le ton monte entre Pinot et le chauffeur de taxi, qui réclame l'argent de la course. Je crie :

— Paye-le et dis-lui de revenir nous chercher ce soir.

L'idée de reprendre mille balles lui coupera l'envie de nous balancer. Pinot lui file son argent et convient du rendez-vous tandis que j'embrouille mon petit militaire en me photographiant avec lui. Je veux qu'il oublie de me contrôler.

— Papiers, papiers…, il me dit.

— Photo, photo…, je réponds.

J'avance de quelques mètres en nous prenant en photo avec mon téléphone côté Grèce et me tourne jusqu'à passer la frontière côté Turquie. Je fais semblant de ne pas savoir ce qu'il dit en rigolant bêtement pendant que je fais des selfies… Il ne me reste qu'à passer la barrière.

Le fameux frère arrive pile à ce moment-là. Je file discrètement quelques billets au douanier pour le remercier, passe la frontière et monte dans le taxi.

Pinot n'en revient pas ! Il est partagé entre le fou rire et le désir de me tuer. Il montre son passeport et me rejoint dans la voiture.

— J'ai eu la peur de ma vie !

— Qu'est-ce t'en as à foutre, toi ? T'es pas recherché !

— Pourquoi ? T'es recherché ?

Il blêmit.

— T'es en cavale ?

— Mais non… Le juge ne m'a pas rendu mon passeport, c'est tout !

— Marco, tu plaisantes ? Si on se fait arrêter ici, on est foutus ! T'as jamais vu *Midnight Express* ?

J'éclate de rire.

— Pourquoi ? T'as deux kilos de hasch sur toi ? Parce que sinon, toi, c'est sûr qu'ils vont t'arrêter !

Je demande au chauffeur de nous faire un peu visiter et de nous accompagner jusqu'à Istanbul. On fait un forfait qui semble lui convenir vu son sourire édenté, et nous voilà repartis en balade.

J'ai rarement vu une ville aussi riche, aussi grandiose. On se croirait dans un conte des *Mille et Une Nuits*.

Pinot fait clairement la gueule et ne m'adresse pas la parole. Il m'en veut et ne croit qu'à moitié à mon histoire. Je sens qu'il est à deux doigts de retourner sa veste et de rentrer en France rejoindre ses copains. Faut que je trouve un moyen de le convaincre, je peux pas rester tout seul. Il n'y a rien de pire pour moi que la solitude. J'ai besoin d'être accompagné, tout le temps. Pas d'être conseillé, non ! Je n'ai confiance qu'en moi mais j'ai besoin d'un visage en face, de quelqu'un à qui parler pour réfléchir à voix haute. C'est bête mais ça me rassure.

La seule solution pour qu'il reste, c'est de susciter son intérêt…

— Je vais me remettre à faire de l'argent… À partir de maintenant, je te donne vingt points sur tout ce que je gagne. Ça marche ?

Il me regarde, l'air sceptique.

— Arrête de faire la fine bouche, je vois bien que t'es pas frais en ce moment.

Je le prends dans mes bras en rigolant.

— T'inquiète, on va se refaire, mon frère !

Pinot ferré, je dois absolument m'atteler à trouver un passeport.

Je peux pas passer mon temps à faire le tour du monde en ferry et éviter les frontières, je vais finir par me faire gauler.

Je réfléchis à ma prochaine destination, et le Maroc me paraît être la meilleure solution. Je connais beaucoup de gens là-bas et je vais pouvoir y faire des affaires.

Plus je me balade dans la ville et plus je me dis que ça va être difficile de mettre la main sur un mec qui me ressemble. Tous les Turcs portent la moustache... Pas une barbe de bobo parisien, non, une vraie moustache !

Je pourrais peut-être m'en coller une fausse, mais quand bien même, j'ai pas une tronche de Turc et je parle même pas leur langue, ça risque de faire désordre à la douane.

Le plus sûr est de me dégoter un passeport étranger, comme ça, si un douanier m'interroge, je pourrai toujours inventer une langue que ni lui ni moi ne comprendrons. Je me mets donc à errer dans les quartiers touristiques à la recherche d'un profil susceptible de correspondre.

Rien...

Je m'installe à une terrasse de café et fais défiler les noms sur mon répertoire, en quête de quelqu'un qui accepterait de me ramener un passeport et de l'argent. Ça devient urgent !

Concentré sur mon écran, je ne remarque pas l'homme qui s'approche de moi et me demande du feu dans un français impeccable.

Bingo !

Il a une petite soixantaine d'années et vient de s'installer avec sa femme pour déjeuner. Rien qu'à voir leur look, je sais tout de suite qu'ils viennent de province. Encore mieux ! Les couples de provinciaux ont cette amabilité, cette candeur que l'on n'a pas à Paris et qui fait d'eux des vrais clients. Ils ne se parlent pas beaucoup et ont l'air de s'ennuyer à mourir, chacun sur son téléphone.

C'est le moment de leur donner un peu de frisson... Je me lève et les invite à déjeuner. C'est tellement rare, de tomber sur des gens qui parlent ma langue, et puis c'est moins triste que de déjeuner tout seul.

Avec mon costume en lin beige d'un chic absolu et ma montre en or au poignet, j'inspire confiance et n'ai aucun mal à me faire passer pour un homme d'affaires français.

Ils acceptent avec plaisir et nous sympathisons rapidement. Ils me parlent de leur vie près d'Angers, de leurs enfants à la fac, des études qui coûtent cher... Et moi je les écoute, je leur pose des questions... Je m'intéresse.

Quand vient mon tour, je mets les gaz. Ils veulent du spectacle, ils vont en avoir !

— Je vis à Tel-Aviv, ma femme est israélienne.

— Elle doit être belle, me dit la femme.

— Très belle. Trop belle. C'est le problème !

L'homme sourit comme s'il comprenait exactement ce que je vis.

— Vous savez de quoi je parle ! je lance avec un sourire complice qui fait minauder l'épouse.

— Elle m'a quitté pour un autre, un petit jeune qu'elle entretient avec mon argent. Un petit escroc qui l'a embrouillée comme une gamine.

Le couple est pendu à mes lèvres.

— Franchement, j'ai peur pour elle... Et pour mes gosses !

— Vous devriez saisir un juge, réplique l'homme naïvement.

— Je peux pas ! En Israël, la mère a tous les droits, et elle me réclame une pension alimentaire colossale, je lui réponds en montant le ton. Pourtant, je lui ai tout laissé ! La maison, les voitures, les bijoux, tout ! Ça ne lui suffit pas. Elle veut me ruiner...

Je viens de toucher la corde sensible. J'enfonce le clou.

— Moi, c'est pas grave... Mais toute ma vie j'ai travaillé pour mettre mes enfants à l'abri... Je suis pas d'accord !

— Vous allez faire comment ? s'enquiert la femme, inquiète.

— Je ne peux pas faire grand-chose, elle a pris mon passeport. Elle a compris que je voulais rentrer pour prendre un avocat... En France, les lois sont différentes. Aucun juge ne lui donnera ce qu'elle demande et personne ne pourra me séparer de mes enfants...

Je me prends la tête entre les mains et reste silencieux quelques secondes avant de reprendre, faussement honteux.

— Alors je me suis sauvé... J'ai pris le bateau et j'ai atterri dans le pays d'en face. Je suis allé à l'ambassade pour refaire mon passeport, mais toutes les administrations sont fermées à Paris. Les fonctionnaires au mois de juillet, vous connaissez...

Le couple acquiesce.

— Je ne peux même pas retourner chez moi, Israël ne me laissera jamais rentrer sans papiers. Et en attendant mes enfants sont avec ce fou dangereux.

J'allume une cigarette et observe l'effet que mon histoire a sur eux. Je crois que j'ai été bon, sur ce coup-là.

— Je payerais n'importe quoi pour un passeport… même cher.

L'homme me répond, mal à l'aise :

— C'est pas une question de prix…

— Tout est une question de prix, j'affirme en le regardant droit dans les yeux.

— Enfin, c'est grave, d'acheter un faux passeport.

— Qui a parlé de faux ? Il suffit que je trouve quelqu'un qui me ressemble vaguement, c'est tout !

Je marque une pause…

— Vous, par exemple, on pourrait penser qu'on se ressemble un peu… Bon, vous êtes plus beau que moi, c'est vrai… mais, franchement, ça passe…

L'épouse rigole.

— Vous n'auriez qu'à déclarer vos papiers volés, et en échange moi je rembourse vos vacances et je paye vos traites du mois de septembre… voire d'octobre.

— Ça ne nous intéresse pas, répond l'homme, nerveux.

— Détendez-vous, je ne vais rien vous demander ! je lui dis en m'esclaffant. Je finirai bien par trouver quelqu'un qui a besoin d'argent, c'est pas ce qui manque, les gens qui ont du mal à joindre les deux bouts. Et dix mille euros ça peut faire la différence.

Les yeux de la dame s'écarquillent.

— Dix mille euros ?

Son mari la fusille du regard.

— Quinze mille, même, si tu veux ! j'ajoute sur un ton léger.

— C'est trop dangereux, tranche l'homme d'un ton sec.

— Qu'est-ce qu'il y a de dangereux ? Je rentre à Paris et je te renvoie ton passeport dès que j'arrive. Dans quarante-huit heures, t'as tout récupéré.

Le couple se consulte du regard.

— T'as pas envie de gâter ta femme et de payer tes dettes ?

Je vous le redis, tout a un prix. Même le danger. En l'occurrence, son passeport valait vingt mille balles.

En quittant le café, je fonce chez le coiffeur. L'homme sur la photo est un peu plus âgé que moi et a les cheveux grisonnants.

Une teinture et deux coups de ciseaux plus tard, je lui ressemble à peu près… Vite fait…

De retour à l'hôtel, j'appelle un autre agent de voyages et réserve deux billets sur le vol de Marrakech. Je ne risque pas d'y croiser grand monde, il n'y a que des locaux pour supporter cette chaleur. Et les gens de mon milieu privilégient les destinations un peu plus huppées.

Pinot sort de la salle de bains et chope les bribes de ma conversation. Il me regarde, interloqué.

Je lui fais un clin d'œil et chuchote :

— Appelle La Mamounia et réserve une suite !

— Sans passeport ?

— Je me suis arrangé.

Une longue file de voyageurs patiente devant la douane de l'aéroport d'Istanbul. Sur six box, trois seulement sont ouverts. J'observe les deux hommes chargés de contrôler les identités, ils me paraissent beaucoup plus regardants que la jeune femme. L'idéal serait que je ne tombe pas sur eux…

Je me mets à compter le nombre de personnes qui attendent devant moi, en priant silencieusement pour que ça marche. Si je me fais attraper en Turquie avec de faux papiers, je risque très cher.

— Je vais me mettre derrière, bafouille Pinot, pas très rassuré.

— Non ! Tu restes avec moi, je lui dis en le retenant. Je peux avoir besoin de toi pour faire diversion.

Merde ! C'est mon tour et le douanier m'attend à son poste. Je suis à deux doigts d'envoyer Pinot quand j'entends un bébé brailler derrière moi. Je fais signe au couple de passer et de prendre ma place. Pourvu que la douanière se libère, parce que si c'est l'autre contrôleur je ne vais pas pouvoir faire passer tout le monde…

Ouf, c'est bon !

— Bonjour ! je lance avec un grand sourire. Vous parlez français ?

Je lui tends nos deux passeports.

— Un peu, dit-elle en commençant par le mien.

Pinot, flippé, n'ose pas bouger.

— Mon ami vous trouve très jolie…

Elle lève à peine les yeux vers lui et retourne à mes papiers.

— Il veut vous emmener en vacances.

La jeune femme le regarde à nouveau. Pinot joue le jeu et acquiesce timidement. Moi, je veux juste l'embrouiller pour qu'elle lâche mon passeport et qu'elle le passe dans la machine. J'espère que l'homme du restaurant n'est pas recherché… Manquerait plus que je me fasse attraper pour les conneries d'un autre !

— Vous pouvez vérifier, c'est un mec bien ! Célibataire, pas d'enfants… Bonne situation !

Elle me sourit, amusée, referme le passeport et me le rend. Pinot respire.

— Bonnes vacances ! ajoute-t-elle avant de nous laisser partir.

Dans l'avion, Pinot se tord de douleur.

— C'est ton foie. Tu bois trop, c'est ça, le problème !

— Non, c'est toi, le problème ! Je suis en train de me faire un ulcère, avec tes conneries !

— Arrête de mythonner, je sais que tu kiffes !

Il me fusille du regard avant de foncer vers les toilettes de l'avion. La dame assise devant nous se retourne discrètement, elle nous a entendus.

— Je vous conseille de ne pas y aller derrière lui ! je lui sors pour blaguer.

L'intendant de La Mamounia nous attend à l'aéroport de Marrakech. Il est content de nous voir.

Les Marocains vivent principalement du tourisme et savent comment traiter leurs meilleurs clients. Et, moi, ils me connaissent bien…

Il prend tous les documents et s'occupe des formalités. Je l'entends dire en arabe à un des policiers :

— Tamponne-les vite, c'est des gens importants !

L'hôtel n'a pas changé depuis mon dernier séjour. Un mélange d'élégance et d'orientalisme que j'adore. Et un service… Un service de folie ! Mais ça coûte une blinde… et je n'ai pas assez d'argent pour payer tout le séjour, il me faut des munitions.

Je décide d'appeler mon ami Zico. On s'est connus dans le Sentier il y a une trentaine d'années à une époque où il gagnait énormément d'argent. Il a essuyé depuis des revers de fortune mais n'a pas changé pour autant.

Carré, sans embrouilles mais avec une mentale conforme aux codes de conduite des gens de la rue. Pas du genre à te balancer et qui répond présent en cas de besoin. Je l'appelle d'un téléphone marocain. Il ne décroche pas. Il doit penser que c'est un *call center* chargé de lui vendre quelque chose pour une boîte française…

J'essaye encore. Cette fois, il prend l'appel :

— Ça va, Zico ?

— C'est qui ? il demande, sur ses gardes.

— Marco. T'es où ?

— À la maison…

— Je suis à Marrakech, tu me rejoins ?

Je l'entends rire…

— J'ai besoin que tu me ramènes vingt pantalons…

Sourire et réflexion.

— J'en ai pas autant chez moi…

— Viens avec ce que t'as !

Zico débarque à l'hôtel vers 22 heures. Je l'accueille avec un sourire jusqu'aux oreilles.

— T'as fait vite, dis donc ! je lui dis, moqueur.

— J'avais le choix ?

Il me serre dans ses bras et m'embrasse.

— T'as l'air en forme… Tiens ! Il n'y a pas grand-chose mais j'ai pris ce que j'avais.

Il me tend une enveloppe pleine de billets.

— Merci… Allez, viens, on va rejoindre Pinot au resto. Tu vas voir, tu vas kiffer grave !

La commande passée, je l'assaille aussitôt de questions comme un expatrié en mal du pays.

— Raconte ! C'est quoi, les scoops ? On dit quoi sur moi ?

— Y a pas de scoops, ils sont tous en vacances… J'ai rien entendu.

J'en crois pas un mot, mais j'admire son élégance. Il n'a pas envie de m'inquiéter et change de sujet :

— Bon… C'est quoi, le programme ?

Il a ramené un peu d'argent avec lui, pas beaucoup, mais de quoi tenir quelques jours.

— On finit de manger et on fait un tour au casino.

— Arrête, on est raides ! Tu vas pas jouer, là ? balance Pinot. Je te préviens, si tu perds, je paye pas la note de l'hôtel !

— Au pire, ils me feront crédit…

— En cavale et endetté, ça fait peut-être un peu beaucoup, non ? lâche Zico, inquiet.

Je m'en fiche, je n'écoute personne. Les sirènes du jeu m'appellent depuis mon arrivée, et l'envie de jeter quelques billets à la roulette et au black jack me brûle les doigts.

Un rapide passage à la caisse pour changer ce que Zico m'a ramené et je m'installe à une table de poker.

Gamin, déjà, j'étais fasciné par ce jeu construit de personnages, d'improvisation, de bluff et de coups de théâtre. Comme s'il avait été fait pour moi ! Contrairement aux idées reçues, c'est le jeu le plus rationnel du monde. Le hasard existe, évidemment, puisqu'on ne connaît ni les cartes à l'avance ni la main de ses adversaires, mais la clé du succès ne réside pas là. Compter sur sa chance ne suffit pas. Et c'est là qu'est tout le charme de ce jeu qui nécessite un vrai talent d'acteur et de psychologue. Il faut connaître ses adversaires, les comprendre et les faire bander !

C'est ça, le secret. Parier sur l'incapacité des hommes à ne pas parier. C'est comme dans ce jeu télévisé à l'époque. Celui où le candidat avait une boîte devant lui et avait le choix entre la garder et l'échanger, jusqu'au dernier moment, contre une autre susceptible de contenir un montant plus ou moins important. Pendant une heure, le mec luttait, luttait, et il finissait généralement par craquer à la fin. Eh ben, c'est ça, le poker ! C'est jouer contre les autres mais surtout contre soi-même. Et les vrais joueurs savent de quoi je parle. Ils savent qu'il est facile de gagner mais qu'il est encore plus tentant de perdre.

J'observe mes adversaires autour de la table, pour la plupart des locaux, et repère très vite qui est qui. Plusieurs personnalités s'affrontent autour de la table. Il y a généralement un ou deux « fishs », les poissons qui vont se faire manger tout crus, le « chacal » dont il faut se méfier et le « requin », plus agressif, qui veut bouffer tous les autres.

La partie commence. Très vite, les sensations reviennent. Toucher les jetons, le tapis vert en feutrine... le plaisir monte. Plus rien ne compte et le décor devient secondaire. Je suis tellement concentré sur mon jeu que j'en oublie complètement la présence de Heckle et Jeckle qui m'observent et commentent chacune de mes mains. Ils connaissent ma stratégie par cœur. Se faire passer pour un novice au départ, lâcher un peu d'oseille pour les mettre en confiance puis leur faire miser gros. Fidèle à moi-même, je ne reste pas de marbre quand je joue. Au contraire ! Je parle fort, je m'énerve... J'agite les joueurs. Ça fait partie du spectacle !

Dès que je sens que la table est suffisamment mûre, j'attaque et je relance. Je fanfaronne tellement que mes rivaux pensent que je bluffe et que je n'ai pas grand-chose. Ils me suivent !

Mes deux complices, postés derrière le cordon de sécurité qui entoure la table, marmonnent derrière moi.

— Je crois qu'on va devoir faire la plonge à La Mamounia, dit l'un.

— Ah ouais, on est morts ! répond l'autre.

Ils ont beau jouer le jeu, ils ne voient pas les cartes et flippent à mort que je perde tout, et qu'on se retrouve sans une thune à la fin de la partie...

— Mais non, on n'est pas morts ! je crie exprès. Allez, tapis !

Un des participants se couche, tous les autres me suivent, y compris celui qui se prend pour le requin et qui a un plus gros tapis que moi.

Le pot est énorme.

Chacun pose ses cartes et retient son souffle en attendant que le croupier retourne la dernière carte pour révéler toutes les combinaisons.

J'ai une quinte flush...

Je viens de gagner trois cent mille euros.

Pinot et Zico hurlent et se sautent dans les bras. Le requin se lève, écœuré en me voyant ramasser mes jetons.

— J'ai jamais vu un « cutard » comme toi ! dit Zico qui a du mal à se remettre de ses émotions.

Je me dépêche de lui rendre son argent, plus une part de mon butin pour le remercier.

— On va pouvoir commander du caviar sur ton compte ! je lui balance pour le titiller.

— Dans tes rêves ! Je garde mon oseille et toi, tu vas manger du pain et des olives comme à Tunis !

— Ça me va ! Je suis très heureux avec du pain et des olives... Ça vous chauffe ?

Mes deux compagnons de route me regardent sans comprendre.

— On se fait trois, quatre jours à Tunis ? J'ai envie de voir la mer.

— Moi, je veux bien, répond Zico. Mais seulement si c'est aux frais de la princesse !

Je me marre.

— Aux frais du prince, crétin !

5

— Trois cent mille ? Le rabbin m'avait dit trente mille…

— Ah ouais ? Ben, ton rabbin, il a oublié un zéro…

Le petit maigre face à moi me répond du tac au tac et avec beaucoup trop d'assurance à mon goût. Il se sent fort parce qu'il se tient à côté d'un grand molosse mais la transpiration qui perle sur son front et les tics nerveux sur son visage trahissent une certaine anxiété qu'il peine à dissimuler.

Le troisième, un peu en retrait, semble être le chef de la bande. Taiseux, froid, il porte un costume et des lunettes de soleil qui cachent une cicatrice effrayante : elle lui barre la moitié de la joue.

J'étais entré en contact avec eux par l'intermédiaire d'un petit religieux que je connais. Il venait souvent me voir ces dernières années pour m'obliger à me plier aux rituels du matin, m'enrouler les phylactères autour du bras, faire des prières censées me protéger. Sympathique et moderne, il n'hésitait pas à transmettre sa sagesse vieille de plusieurs siècles. Il m'apportait une parole bienveillante et pleine de philosophie quand j'en ressentais le besoin et particulièrement dans mes moments de détresse.

À chacune de mes galères, qu'elles soient de santé, d'argent ou de justice, je me suis tourné vers Dieu et par conséquent vers ses saints.

J'espérais trouver un peu de réconfort auprès d'eux et peut-être une idée, un appui, pour tenter de rejoindre Israël et régler mes emmerdes.

Qui de mieux placé qu'un rabbin pour m'aider ? Leur job n'est-il pas de ramener en Terre Sainte les brebis égarées qui se sont éloignées du troupeau ?

J'avais vu juste, il avait un plan.

Il connaissait des gens qui connaissaient des gens qui pouvaient me faire entrer clandestinement dans le pays moyennant la modique somme de trente mille euros, la taxe divine, apparemment.

Je devais me rendre à Chypre et voyager de nuit par bateau jusqu'à la frontière à Eilat, ce qui me paraissait beaucoup moins dangereux que de me présenter face à la police israélienne avec un passeport usurpé ! Là, c'est la prison direct ! Le pays étant en perpétuelle guerre, tu n'y rentres pas comme dans un moulin et la sécurité à l'aéroport est maximale.

Sans hésiter, j'avais pris le premier avion de Tunis avec Pinot, qui me suivait toujours, sans lui révéler mes projets.

La tête qu'il fait en voyant les trois hommes nous attendre sur le port ! Il panique aussi sec.

— Mais c'est qui, ces mecs, Marco ? Ils sortent d'où ?

Je me pose exactement la même question…

Ils n'ont pas l'air d'ici, leur accent n'est pas chypriote. J'ai plutôt l'impression qu'ils viennent de Bosnie ou d'Albanie, parce qu'ils parlent comme les méchants dans le film *Taken*.

Et il n'y a pas que leur façon de parler qui fait peur ! Outre leur air peu commode, ces trois types n'inspirent absolument pas confiance.

Mon instinct me crie de ne pas y aller.

Qui sont ces gens qui annoncent un prix et le multiplient par dix comme ça à la tête du client ? Pourquoi le religieux m'a envoyé vers eux ? Qu'est-ce qu'il leur a dit ? Est-ce qu'il a voulu me piéger ?

Après tout ce que j'ai fait pour lui… Toutes les fois où il m'a sollicité… La réfection d'une synagogue ? Présent ! Une école à construire ? Aucun problème. Des familles dans le besoin ? Bien sûr…

J'essaye de cacher ma parano tandis que Pinot se décompose à vue d'œil.

Je m'étais bien gardé de lui parler de mon projet, et le pauvre chéri tombe des nues en voyant ce qui est en train de se jouer sous ses yeux.

L'idée de rejoindre ma femme et mes enfants, qui viennent d'arriver à Tel-Aviv, m'obsède depuis que Zico nous a lâchés pour retrouver sa famille. J'en crève, d'être loin d'eux, et cela me fragilise beaucoup plus que je ne veux bien l'admettre. J'ai beau passer des vacances de milliardaire, célibataire, je n'ai qu'une envie : les rejoindre !

Israël est sans conteste ma meilleure option et le seul endroit où je peux envisager de me reconstruire. Nombre de mes coreligionnaires habitués des arnaques en tous genres et dans une situation similaire y ont trouvé asile grâce à la fameuse loi du retour. Ce texte datant de la création de l'État stipule que ses portes sont grandes ouvertes pour chaque juif désireux de s'y établir. Peu importe qui il est et le pays d'où il vient.

Israël est le seul État juif du monde. Il est démocratique mais juif avant tout et donc indissociable de la religion. Terre promise pour tous les juifs, il est un des rares susceptibles de m'accueillir, si ce n'est le seul. Et, en sachant certains de mes copains installés là-bas, je m'étais pris à croire que je pourrais y couler des jours heureux sans être inquiété par la police française.

D'autres y étaient parvenus, alors pourquoi pas moi ?

Je regrette tellement de ne pas avoir écouté ma femme. J'aurais pu mieux m'organiser et m'établir là-bas plus tôt... Je ne pensais pas que j'allais être condamné à une peine aussi lourde.

C'est bien fait pour ma gueule ! À toujours fanfaronner, à réfléchir après coup, j'en paye aujourd'hui le prix ! Maintenant, j'ai plus le choix ! Je suis dos au mur. Je n'ai nulle part où aller...

Et, comme un con, j'ai promis à ma famille que je la rejoindrais. Je leur ai dit juste avant de partir de Cannes :

— On se voit en Israël, les enfants... Maman va s'occuper de nous trouver une belle maison au bord de l'eau, et moi je me charge du reste.

Valérie s'était énervée. Elle déteste quand je leur fais des promesses en l'air... et elle ne m'avait pas loupé :

— Toi ? Marco Mouly en cavale, tu penses que tu vas pouvoir entrer dans le pays le plus sécurisé au monde, sans passeport et en étant recherché ? Tu rêves, mon pauvre...

C'est dingue, comme cette femme sait toujours comment me challenger...

J'avais beau retourner le problème dans tous les sens, l'issue de cette cavale devait se faire là-bas. J'avais suffisamment d'argent et de relations sur place pour entrevoir un avenir.

Mais trois cent mille... quand même. Ça fait cher la traversée, et, malgré mon envie de partir, j'ai du mal à confier ma vie les yeux fermés à des mecs que je connais pas.

— Alors ? s'impatiente le petit nerveux.

— Alors quoi ? Trois cent mille, c'est beaucoup, mon frère. Faut qu'on négo...

— Je suis pas ton frère. La moitié tout de suite et l'autre en arrivant.

Cette histoire pue vraiment. Je la sens pas du tout. Non pas que ces types m'impressionnent, j'en ai vu d'autres au cours de ma carrière et je connais les voyous, ça fait partie du folklore... Mais dans ce monde il y a deux catégories : les voyous et les voyelles !

Ces derniers, ce sont les pires ! Ils se prennent pour des voyous alors qu'en réalité ce sont de vraies gonzesses ! Ils ne répondent à aucune règle, à aucun code d'honneur, et ne s'intéressent qu'au fric et à l'appât du gain, peu importe la situation.

La plupart du temps, ils font preuve d'un amateurisme total, et il n'y a rien de plus dangereux que les amateurs. Ces cons-là ont toujours quelque chose à prouver, et une simple affaire peut vite se transformer en embrouille... comme ça, pour rien.

Je jette un coup d'œil à Pinot. Il est blanc comme un linge.

— T'es marrant, toi... J'avais pas prévu autant. Faut que je vérifie combien j'ai ici... que je passe des coups de fil... Attends, laisse-moi voir.

Je m'éloigne un peu et fais semblant d'appeler quelqu'un. Pinot me suit.

— C'est qui, ces mecs, Marco ?

Il a l'air tellement angoissé que je crois qu'il va vomir. Ça me fait rigoler.

— Ça va, détends-toi… Il ne va rien t'arriver. Tu vois pas que c'est des baltringues ?

— Mais t'as vu leur tronche ? Ils ont des vraies têtes de youvs ! il me chuchote.

Je regarde les types qui discutent entre eux et me mets à parler fort dans le combiné pour qu'ils m'entendent.

— Allô ? Ouais, dis-moi… J'ai besoin de cent cinquante mille pour ce soir. Tu peux me les amener ?

J'en profite pour faire un clin d'œil à Pinot pour le rassurer.

— Mais t'es fou ! Tu vas pas y aller ? Dès que tu les auras payés, ils vont nous balancer par-dessus bord !

— Tu veux que je les paye avec quoi ? Mes couilles ? Tu crois que j'ai trois cents sur moi ?

Ce tarif n'a aucun sens. Il est comme sorti de nulle part et confirme ce que je pense d'eux depuis le début. Je veux bien qu'il y ait de la logistique et des mecs à casquer à la frontière, mais quand même ! Pas question de mettre ma vie entre les mains de ces trois-là.

— Oh ! putain, oh, putain… Ils vont nous découper en morceaux !

Pinot a levé un peu le ton sans le vouloir, et ça interpelle le grand costaud, qui croise son regard.

— Je vais te tuer, Marco ! Je te jure que s'ils ne nous tuent pas c'est moi qui te tue !

Il transpire comme un bœuf et a du mal à respirer. Je sens qu'il va me faire une crise cardiaque.

La situation n'est pas des plus rassurantes, mais j'avoue que voir Pinot dans cet état me donne envie d'éclater de rire.

— Putain, mais t'avais dit qu'on allait à Dubaï... Je serais jamais venu, sinon...

Faut que je trouve une solution, et vite fait ! Toujours faussement absorbé par ma conversation téléphonique, je me tourne vers les frères Dalton et prends un air embêté.

— Mais non, je peux pas ! J'en ai besoin pour partir... Ils vont jamais vouloir..., je crie à mon interlocuteur imaginaire.

Je grimace, je m'énerve, j'en fais des caisses puis leur lance avec assurance :

— J'ai que soixante-dix, c'est bon ?

Pinot reste bouche bée et se planque derrière moi comme une petite souris pendant que les trois hommes s'interrogent silencieusement.

— Pour les deux ? lance le supposé chef.

Pinot sort aussitôt la tête de sa cachette et lance dans un filet de voix :

— Ah non, non, pas du tout ! Moi, j'ai un passeport, je repars en avion...

Je suis à deux doigts d'exploser de rire, mais je remarque que l'intervention de Pinot les fait tiquer.

— Ça pose un problème ? je rétorque pour reprendre les rênes de la conversation.

— On m'avait dit que vous étiez deux...

— Ah ouais ? Eh ben, on n'est plus qu'un ! Ça baisse le tarif à cent cinquante, du coup ?

J'ai peut-être un peu trop fait le malin... Musclor et Skeletor regardent leur boss dans un silence de mort qui semble durer une éternité... L'homme se tourne vers moi, enlève ses lunettes de soleil et dévoile un regard noir et dur. Sa cicatrice lui mange le visage. Je jette un œil à Pinot, qui se voit déjà mort et enterré.

— Le bateau part ce soir à 21 heures mais on doit se voir avant. Tu es à quel hôtel ?

Comme si j'allais le lui dire et prendre le risque de me faire tuer dans ma chambre... Pire, de me faire balancer en échange d'une prime !

Il faut que je les embrouille, que je gagne du temps... Si je leur dis que ça ne m'intéresse pas, que j'ai changé d'avis, ils vont mal le prendre...

— C'est qui, le mec qui me fait passer la frontière ?

— Un soldat israélien que je connais...

— Et pourquoi il accepterait ?

— Parce qu'il a besoin d'argent.

— Qu'est-ce qui me prouve qu'on va pas me fusiller quand j'arriverai ?

— Rien.

Pinot flippe sa race mais veut tellement en finir qu'il se mêle à la conversation :

— Mais non, t'inquiète pas... C'est pas dans leur intérêt... C'est des gars sûrs... Ça se voit !

Pris dans son élan, il donne une grande tape affectueuse sur l'épaule du garde du corps, qui ne bouge pas d'un millimètre.

— Hein, t'es mon gars sûr, toi ?

Le mec le regarde de haut, prêt à l'écraser comme une puce. Je ne sais pas si je dois me pisser dessus de rire ou me chier dessus de peur.

Pauvre Pinot qui essaye de les amadouer avec son éternelle gentillesse. Je l'adore ! Faut pas que j'oublie de le lui dire si on s'en sort.

— Je veux voir le bateau.

Le petit me montre une embarcation de fortune qu'il a sûrement choisie au hasard. Ils me prennent vraiment pour un con…

— OK, ça me va… mais je te donne l'argent quand je monte sur le bateau. Pas avant. Le reste, tu l'auras en arrivant. Je le donnerai à qui tu veux une fois sur place. C'est normal, non ? On se connaît pas…

Les trois mecs se regardent à nouveau.

— C'est d'accord…, tranche le chef, sans même me serrer la main.

— Super. À ce soir.

J'attrape le bras de mon pote et me casse rapidement.

— T'es un grand malade, me lance Pinot en montant dans le taxi. Et moi je suis un vrai con de te suivre !

J'éclate de rire :

— Comment t'as flippé !

Il est tellement sous tension que lui aussi est pris d'un fou rire.

— J'ai eu la peur de ma vie ! J'ai cru que c'était fini… qu'on allait mourir ou finir en prison…

— Ce que t'es lourd… On dirait ma mère !

La dernière fois que je l'ai vue, c'était le jour du jugement. Elle s'est mise à pleurer dès qu'elle a ouvert la porte. « Mon fils, mon fils… J'ai tellement peur pour toi… Comment tu vas tenir huit ans en prison ? »

Toute sa vie, ma mère a prié pour ses enfants. C'est la première chose qu'elle fait en se levant le matin. Juste avant de prendre son café.

Comme toutes les mamans du monde, la mienne aurait voulu que je fasse des études, que j'aie un beau métier, mais vu l'énergumène elle n'avait pas bon espoir.

— Tu sais, mon fils, les gens… ils parlent. Ils disent des choses horribles sur toi. Comme quoi t'es un voleur… un escroc… mais moi je les crois pas !

— Laisse-les parler, maman… Tu sais, dans la vie, qu'on dise du bien ou du mal, le principal, c'est qu'on parle de toi !

Qu'est-ce que je peux lui raconter d'autre ? C'est ma mère. Tout ce que j'ai fait, je l'ai fait pour elle…

— La pauvre, ta mère… T'imagines si on lui avait dit qu'on avait retrouvé son fils flottant au large d'un port de Chypre ? T'as pensé à ta famille ? hurle Pinot.

Je fais que ça ! Depuis le jour où je lui ai ramené une machine à laver toute neuve de chez Darty.

La nôtre était tombée en panne depuis belle lurette et je la voyais le soir laver les vêtements de ses sept enfants à la main. J'avais pas hésité ! J'étais entré au dépôt du magasin en douce, j'avais enfilé le gilet rouge des livreurs et mis la machine sur le diable. Une heure plus tard, elle trônait dans la petite salle de bains de notre appartement.

J'avais treize ans.

— Et ma mère à moi, on y pense ? J'ai jamais fait une embrouille de ma vie… Je me suis toujours tenu à carreau…

Elle va pas comprendre, ma mère, que je disparaisse du jour au lendemain !

Lui, d'ordinaire silencieux, il n'arrête pas de parler tellement il est retourné… Un vrai moulin à paroles !

— Et tu m'as jamais dit que tu voulais aller en Israël. T'avais parlé de Dubaï !

— Fallait bien que je te fasse rêver… que je mette de la guirlande… C'est plus joli quand le sapin se fane…

— Le sapin ? C'est nous qui allons finir dans le sapin avec tes conneries ! J'aimerais bien savoir qui est le mec qui nous a mis dans cette galère !

— Un petit que je connais… qui voulait soi-disant m'aider à rentrer dans le pays… Tu les connais, ces religieux, avec leur côté mère poule… Toujours à vouloir se mêler…

— Et à te demander de l'argent ! Ça t'a coûté combien ?

— Cher ! Tu connais des gens qui te rendent service gratuitement, toi ? Moi, non ! Personne me fait jamais de cadeaux ! Et puis c'est un rabbin ! Si on ne peut plus faire confiance aux rabbins, maintenant…

— Qu'est-ce que tu racontes ? C'est un métier comme un autre… Il y a aussi des escrocs dans le lot. C'est peut-être pour ça qu'on prie Dieu et pas eux !

— En attendant, je dois trouver un autre moyen d'aller en Israël.

— Je te préviens, si tu continues, je me barre à Dubaï ! On a dit Dubaï, d'accord ? il lâche, à bout de nerfs.

— OK… OK… T'énerve pas… On y va.

6

Je comprends avant même qu'il décroche que David est à l'étranger.

On s'était rencontrés par l'intermédiaire d'un ami commun avec qui il était « en affaires » sur des dossiers immobiliers. L'ami en question tenait absolument à me le présenter, sous prétexte qu'il était toujours utile d'avoir un conseiller d'État dans sa manche et avait organisé un déjeuner dans un restaurant étoilé de la capitale. En réalité, il attendait de moi que je le charme pour mieux l'amadouer.

J'avais décelé aussitôt le potentiel du gars.

Corruptible mais avec des principes. Ma meilleure cible. Les plus durs à convaincre. Le genre de types qu'il faut séduire, amuser, exciter… mais avec le bon dosage. Ni trop peu ni pas assez.

Détendu comme à mon habitude, je me la joue poli et élégant tout en restant très attentif, l'air de rien. Je le scanne. Du coin de l'œil.

Assis à la meilleure table, nous démarrons le déjeuner par un apéritif pendant que le serveur nous décrit avec beaucoup de chichis chacun des plats au menu. À dire vrai, je ne comprends pas la moitié de ce qu'il raconte.

— Ça a l'air très bon, mais y a aucun plat que je peux manger.

Le serveur et le conseiller me regardent sans comprendre.

— Je mange casher… et y a que de la viande et des poissons sans écaille.

— Je suis vraiment navré… Je vais demander au chef ce qu'il peut vous préparer… Peut-être qu'une omelette à la truffe noire vous ferait plaisir ?

— T'es mignon mais je suis pas venu ici pour manger des œufs ! je lui balance en me marrant.

David se dandine sur son siège, je le sens mal à l'aise, contrairement à mon ami, qui baisse la tête pour cacher son sourire.

— Tu veux savoir ce qui me ferait vraiment plaisir ? Des pâtes aux merguez !

— Je suis désolé, je ne crois pas que nous ayons cela en cuisine… mais je vais me renseigner…, s'excuse le garçon, confus.

De la poche de mon pantalon, je sors deux billets de cinq cents euros que je glisse discrètement dans sa main.

— Super ! Allez prévenir le chef que Marco Mouly a très envie de manger des pâtes aux merguez… casher, bien sûr !

Le jeune file en direction des cuisines.

— Je sens qu'on va se régaler… On trinque ?

David a à peine le temps de lever son verre que le serveur se pointe à notre table, l'air satisfait :

— Pour combien de personnes, les pâtes aux merguez ?

Je l'ai séduit comme ça. Pour rien, juste pour le plaisir. J'avais rien à lui demander, rien à lui vendre et je n'ai jamais eu besoin de ses services. Jusqu'à aujourd'hui.

Au son de sa voix, je comprends qu'il est inquiet pour moi.

— Je te conseille de te rendre, Marco. Tu es sur la liste rouge d'Interpol.

Cette phrase a l'effet d'une bombe dans ma tête. Jusque-là, cette cavale avait le goût des vacances et, même si je sentais l'épée de Damoclès au-dessus de ma tête, je n'avais pas réalisé à quel point ma situation était critique.

La liste rouge d'Interpol ?

— Ça veut dire quoi ?

— Je ne peux pas par téléphone.

Je m'emporte :

— Tu peux pas venir à moi et je peux pas venir à toi… On fait comment ?

— Marco, tu es un homme intelligent. Réfléchis… La seule info que je peux te donner, c'est qu'il y a quelqu'un là-haut que tu énerves fortement et qui est bien décidé à avoir ta peau !

Ma peau ? Mais qui ? La police ? La justice ? Les voyous ? Qui peut bien m'en vouloir à ce point-là ? Et pourquoi ?

J'ai fait quoi, sans déconner ? J'ai pris du manque à gagner à l'État, d'accord. Mais je l'ai créée, cette TVA, bordel ! Il n'y avait pas de marchandise. Elle n'existait pas avant moi. Pourquoi personne veut le comprendre, ça ?

J'insiste pour qu'il me donne un nom, mais il s'entête et refuse.

— Je veux négocier… Je veux qu'on s'arrange pour les huit ans. Je suis d'accord pour me rendre à la condition qu'on réduise ma peine.

— Je vais voir ce que je peux faire, mais il faut une demande officielle.

— Pourquoi officielle ? Officieuse, ça marcherait pas ?

— Non... Mais je vais tout faire pour appuyer la demande.

— OK... Si on faisait traîner jusqu'à l'appel en janvier ? Comme ça, je peux rentrer chez moi en attendant ?

— Ça m'étonnerait... Ils vont vouloir que tu te rendes, Marco... mais je te tiens au courant. Rappelle-moi dans quarante-huit heures... Et arrête de les faire courir, tu joues avec leurs nerfs !

La partie risque d'être plus serrée que je le pensais. Ils ne vont pas me lâcher. Je dois gagner du temps jusqu'au procès, je n'ai pas le choix... Mon air grave inquiète Pinot, qui me regarde de son transat, allongé au bord de la piscine de notre hôtel à Dubaï.

— Faut que j'aille en Israël !

— Et tu comptes faire comment, cette fois ?

— Je sais pas encore, mais je vais trouver...

— Moi, je te préviens, je reste ici.

— Je t'ai pas dit qu'on repartait tout de suite... On va kiffer d'abord !

Dubaï, c'est l'Amérique au Moyen-Orient, le Disney World des affairistes, le paradis de l'oseille.

Je n'ai jamais vu autant de riches au mètre carré. Même les pauvres le sont ! Ça va me changer, moi, qui ai l'habitude de faire des affaires avec des mecs raides. Ils prennent plus de risques, vu qu'ils ont plus la dalle que les autres... J'ai hâte de voir ce que ça donne avec des bourrés !

Tout ici est démesuré, excessif... vertigineux. C'est tellement « too much » que même moi je passe inaperçu !

Alors oui, c'est vrai que c'est surfait et que ça manque de charme comparé au Maroc ou à la Tunisie. C'est pas la même ambiance, le même orientalisme, et tous les palmiers de Dubaï et tous les marronniers de Paris ne remplaceront jamais l'odeur du jasmin dans les rues de La Marsa.

Je suis parti de Tunis à la fin des années 1960. J'avais cinq ans et, depuis, je n'ai jamais cessé d'y retourner.

Là-bas, c'est chez moi. Tout le monde me connaît ! Le marchand ambulant à qui je volais des bonbons à chaque fois qu'il passait, les vieillards devant leur boui-boui qui m'alpaguent pour que je mange leurs fricassés à cinquante centimes, les gosses qui me courent après pour un petit billet...

Ici, pas de gosses qui courent dans les rues, ni de sandwichs à cinquante centimes. Tout coûte une blinde et, si tu veux suivre, faut dégainer !

L'argent est roi.

Et c'est tant mieux. Les Dubaïotes ont juste compris avant les autres que le racisme n'existe pas et ne rapporte à personne dans un monde dominé par les affaires. Le racisme est toujours lié à la pauvreté et aux inégalités.

À l'hôtel, dans les restaurants, je dépense sans compter et je fais des rencontres. J'ai pas le choix ! Si je veux faire des affaires, je dois me mettre au diapason. L'argent appelle l'argent.

Depuis quelques jours, je m'intéresse à un jeune qui prend tous les midis ses repas à l'hôtel. Je l'ai remarqué parce qu'il a la même montre que moi au poignet, une Daytona de chez Rolex. Mais la sienne est pavée de diamants. Elle est incroyable !

— Elle est pas mal, sertie comme ça…, je lui lance pour engager la conversation.

— Merci. Je la vends, si vous voulez…

— J'en ai déjà une, je rétorque en lui montrant la mienne. Je vais demander à Rolex de me mettre des brillants, c'est tout !

— Vous pouvez… mais ça ne sera pas le même prix, me confie le type avec un sourire en coin.

— Pourquoi, tu la vends combien ?

— Vingt mille.

— Vingt mille ? Comment c'est possible ? La mienne, elle m'a coûté vingt-cinq, sans les diamants, et je l'ai attendue deux piges ! Elle est fausse ?

— Non, d'occasion. Je vous livre le certificat d'authenticité et la facture.

Je tombe des nues.

— C'est quoi, l'embrouille ?

— Il n'y a pas d'embrouille. Je les achète d'occasion, je les sertis et je les revends… Sauf que, chez Rolex, ça coûte le double. Des diamants, c'est des diamants… Et à Dubaï tout le monde aime les diamants !

Et en Israël, en ce moment, les pierres aussi font fureur…

Les mecs qui se sont installés là-bas après le carbone ont fait flamber les prix de tout, tellement ils ne savent plus quoi faire de leur argent.

— Je te la paye quinze en cash. Ça te va ?

Il accepte aussitôt. Je demande à Pinot de monter chercher l'argent dans le coffre de ma chambre et reste en tête à tête avec lui.

— Combien tu touches dessus ?

Le jeune rechigne à me répondre.

— T'inquiète pas, je te la prends, ta montre, c'est fait ! Je t'en prends une deuxième, même, si tu veux... mais je veux savoir à combien tu les achètes.

— Celle que tu viens de prendre, par exemple, elle me revient à dix mille.

Je l'aime bien, ce p'tit, il est malin...

— Et vous êtes beaucoup à faire cette embrouille ?

— Quelques-uns... Mais c'est pas une embrouille, c'est légal !

J'ai toujours dit qu'un métier ça s'apprenait. Garagiste, boulanger, ça s'apprend. Et moi, mon métier, c'est de récolter les informations.

Tu voles... et tu partages.

— T'as du stock ?

— Oui, un peu..., il me dit fièrement. J'ai pour huit cent mille de marchandises...

Dans la vie, il ne faut pas avoir peur d'investir, c'est la seule façon de gagner gros.

— Je t'achète tout ton stock à un million. Comme ça, tu te fais deux cent mille en plus. Ça te va ?

Il fait mine de réfléchir, mais s'il a vraiment les montres il ne peut pas refuser.

— D'accord... mais faut que je te dise un truc. Les montres, si tu ne les sertis pas à la maison mère, elles sont considérées comme non conformes à l'original...

— Et elles ne valent plus une thune...

Je le regarde quelques secondes, le temps de cogiter.

— OK... mais j'imagine que les gens à qui tu les vends, ils le savent pas, ça ?

Le mec me fait non de la tête.

— Alors, crois-moi, où je vais les vendre, ils ne le savent pas non plus !

Pinot revient et me tend une enveloppe pleine de billets.

— Prépare les montres. Je t'appelle dans deux, trois jours.

J'ai déjà une partie en espèces, il ne me reste plus qu'à trouver quelqu'un qui fasse la soudure. Avec tous les mecs qui se sont enrichis grâce à moi, je ne devrais pas avoir trop de mal…

— C'est quoi, l'arnaque ? me demande Pinot dès qu'on est seuls.

— T'occupe, on va se faire des couilles en or !

C'est ça, un bon affairiste ! Quelqu'un qui sait repérer une opportunité à des kilomètres, et si possible avant tout le monde. Il faut être constamment aux aguets, avoir les crocs et les montrer. Ça ne s'apprend pas, tu l'as dans le sang ou pas.

Je n'ai qu'une hâte, récupérer les montres et me casser.

Je me sens oppressé depuis ce putain de coup de fil au conseiller et je vois même pas l'intérêt de le rappeler, je connais déjà sa réponse.

En revanche, je dois absolument faire venir quelqu'un ici à Dubaï et l'envoyer en Israël avec la marchandise avant que je puisse m'y rendre.

J'enverrais bien Pinot, mais je peux pas rester seul.

Je décide de faire venir Simon. Le mec en qui j'ai le moins confiance mais certainement le plus dingue. Je vois que lui pour faire le voyage.

Il accepte tout de suite sans poser de questions. De toute façon, je lui aurais rien dit par téléphone… Il parle trop. Plus que moi !

Quarante-huit heures plus tard, comme convenu, je passe à la bijouterie du mec. Alors que nous sommes enfermés dans son bureau, il me présente la marchandise. Je m'aperçois qu'il a toutes les plus grandes marques ! Rolex, Audemars, Patek… Toutes serties.

— Elles ont de la gueule, comme ça !

— Je sais… Sinon… J'ai reçu que huit cent mille sur mon compte, c'est normal ?

— Le reste, tu les auras quand j'arrive… T'inquiète pas, je suis pas un voleur ! La preuve ! Je t'ai fait un virement…

Le mec me fait confiance et me donne les montres.

— Dis-moi… les factures, elles sont en quelle langue ?

— Je peux te les faire dans la langue que tu veux.

— Et tu peux me mettre le prix que je veux aussi ?

Il me confirme que oui…

— Alors vas-y, gonfle !

En rentrant, je mets les montres dans la doublure de mon sac à dos en cuir, que j'avais trafiqué à Cannes pour planquer de l'argent. Je les ai sorties des boîtes pour que ça tienne. Je le donnerais à Simon dès qu'on aura passé la douane, juste avant qu'il monte dans l'avion. Puis j'enverrai quelqu'un l'attendre à sa descente à Ben Gurion. Comme ça, je suis sûr qu'il n'y aura pas d'embrouilles.

Il ne me reste plus qu'à réfléchir à un moyen pour que je puisse entrer à mon tour dans le pays.

J'hésite entre la Jordanie et l'Égypte pour passer la frontière. Les deux sont risqués mais la traversée en bateau reste tout de même la meilleure solution.

Avoir la justice au cul, bizarrement, ça me galvanise. J'ai mis la peur de côté et je suis prêt à tout pour rejoindre les miens. C'est le but que je me suis fixé…

À l'aéroport de Dubaï, il y a deux terminaux. Un pour les classes éco et un pour les business et les premières. Le riche ou le pauvre, pas de juste milieu.

Sac à dos sur l'épaule, j'attends de passer le tapis à métaux. J'ai pas voulu le confier à mon passeur, au cas où ça tournerait mal. Je prends mes responsabilités.

Quand vient mon tour, je prie pour que tout se passe bien. Pinot et Simon attendent derrière moi pendant que le sac passe sous les rayons. J'en profite pour faire diversion auprès du contrôleur et l'éloigner de son écran, mais il m'ignore et demande un contrôle du bagage.

Putain de merde ! La doublure s'est déchirée sous le poids et les montres se retrouvent au milieu du sac.

Le type voit rouge et se met à me parler agressivement en arabe. Je fais semblant de ne pas comprendre. Il répète, s'énerve et finit par appeler son supérieur.

Comment je vais me sortir de ce pétrin ? Ça y est, je suis mort. Ça va me coûter une barre et une tonne de galères…

Comme toujours dans ce genre de situations, je fais l'idiot, je crie et je fous le bordel. Classique… Pendant ma sérénade, je jette un coup d'œil rapide sur le sac ouvert derrière moi et vois Simon se dépêcher de transférer les montres dans son sac de voyage. Pourvu qu'il se fasse pas prendre…

Le chef arrive et demande au douanier ce qui se passe. Il lui parle des montres, sauf qu'au moment de les faire voir il n'en reste plus qu'une. Le mec aboie dans tous les sens et jure sur tous les saints qu'il y en avait plein il y a encore deux minutes.

Moi, je continue de jouer les touristes et sors la facture rédigée en français, mais le douanier continue de s'énerver, et moi je me mets à crier plus fort que lui. Je fais mine de me sentir agressé et fais un esclandre.

Les Dubaïotes détestent les scandales, alors pour calmer le jeu ils décident de me laisser partir sans même vérifier les caméras.

Pinot m'attend un peu plus loin, sidéré.

— Putain, j'ai eu chaud ! Il est où, Simon ?

— J'en sais rien, il me répond en bégayant.

Je regarde autour de moi…

— Il est où, merde ? Il a mes montres ! je crie nerveusement.

Je me mets à courir dans tous les sens, à le chercher partout dans le hall, il n'est pas là. Disparu. Avec mon sac. Le mec peut se barrer n'importe où avec une barre de montres…

J'ai la tête qui tourne… Faut que je m'asseye…

— Alors je suis bon, Marco ? me dit Simon d'une voix gouailleuse.

— Mais t'étais où ? je hurle, hors de moi.

— Je suis allé me changer aux toilettes… Y a des caméras partout, je voulais pas qu'ils me reconnaissent. T'as vu ? J'ai été fort, sur ce coup-là !

7

Je pleure rarement. Pour ne pas dire jamais.

D'où je viens, les hommes ne pleurent pas. Par fierté, par pudeur, par peur de montrer leurs faiblesses, sûrement.

Mais ce soir-là, dans ce restaurant luxueux du Caire où les nappes blanches côtoient les verres en cristal, une larme coule sur ma joue.

Une seule larme. Pour moi, un tsunami.

Face à cette chanteuse orientale, unique femme au milieu d'une salle remplie d'hommes, mon cœur déborde alors que je l'écoute poser sa voix sur la musique d'Oum Kalsoum.

Je pense à ma mère, qui fredonnait ces chansons toujours avec beaucoup d'émotion, à ma femme, dont le corps ondule dès qu'elle entend ces sons de bois et de cuivre, à mes filles que je n'ai pas vues grandir.

Je ne sais pas si ce sont les paroles ou la puissance de la musique qui me submerge et me ramène aux femmes de ma vie, mais en cet instant je m'en veux terriblement. Je ne les ai pas assez protégées, pas comme j'aurais dû.

Ma mère s'est fait un sang d'encre pour moi toute sa vie, ma femme et mon aînée aussi, et quant à Nina, la petite dernière, elle finira par se demander pourquoi elle n'a pas eu la chance d'être orpheline ! Faut assumer, un père en prison… C'est pas facile pour une jeune fille !

Je m'en fais moins pour mon fils, c'est un garçon, c'est peut-être plus facile à vivre… Il m'en voudra peut-être moins…

Contrairement à mon père, j'ai installé ma famille dans une vie confortable, en pensant parfois que ça justifiait les gardes à vue à répétition et les parloirs glauques. Se mentir à soi-même est le propre d'un bon menteur. Et, dans cette catégorie, j'excelle !

Pinot ne veut pas sortir de l'hôtel. Il refuse catégoriquement de mettre un pied dehors ! Selon lui, c'est trop dangereux.

Tout le fait flipper. Le monde dans les rues, les militaires armés, la turista… Tout ! J'ai beau lui répéter qu'il n'y a rien à craindre et que la ville est remplie de touristes, il ne veut rien savoir.

— Avec ta tête de feuj, toi, c'est sûr que tu vas te faire kidnapper !

J'ai envie de te dire : entre la peste et le choléra, se faire kidnapper ou se retrouver en prison…

Je finis quand même par le convaincre de faire une excursion en bateau, épaulé par le concierge de l'hôtel qui organise la virée. Ce dernier me colle la formule la plus chère, celle avec le bateau équipé d'une coque en verre transparente pour voir les fonds marins et le guide égyptien qui nous fait la visite.

Debout sur le pont, je regarde l'étoile bleue du drapeau israélien flotter sur la rive d'en face. Mon cœur se serre. La liberté est là. Devant moi. Je la touche du doigt sans pouvoir l'atteindre. J'en crève, de savoir que ma sécurité n'est qu'à quelques kilomètres et que je ne peux pas y aller.

J'ai compris depuis quelques jours que Pinot ne va pas tarder à me lâcher. Il en a marre. L'Égypte sonne le terminus de notre aventure. La goutte de trop.

Continuer sans lui est inconcevable, j'en suis clairement incapable. Si je quitte Le Caire, autant dire adieu à Israël et faire une croix définitive sur tous mes rêves d'immunité. Je n'ai plus d'échappatoire… Pas d'autre choix que de me jeter à l'eau.

Je regarde mon Pinot qui s'intéresse et pose toutes sortes de questions. Il est tellement loin de se douter du plan qui s'échafaude petit à petit dans ma tête.

— C'est quoi, ce bateau, au fond de l'eau ? il demande, attentif à la visite.

Je jette un œil distrait au sol et vois une épave rongée par la mer et les années défiler sous mes pieds.

— Ah, celui-là, on l'a eu ! Il va rester ici toute sa vie…, répond le guide en désignant la terre en face avec dédain.

On a bien fait de pas lui dire qu'on était juifs…

— Pourquoi ? Il n'est pas bien, ce pays ?

— Non. Ils sont méchants, là-bas… Ils font la guerre, ils tuent les enfants…

Je suis pas d'accord avec ce qu'il dit mais je vais pas me lancer dans un débat politique avec lui, au contraire ! Je rentre dans son jeu…

— Moi non plus, je ne les aime pas ! je vocifère. Mais, par exemple, si je tombe et que j'y vais à la nage, il se passe quoi ?

Pinot me lance un regard effrayé.

— Tu vois le bateau, là-bas ?

L'homme me montre du doigt un navire noir stagnant sur l'eau, à quelques kilomètres de la côte.

— Ils t'arrêtent et ils te mettent en prison !

Super. Ça me va. Je veux qu'ils me mettent en prison. C'est pas grave. Au moins, je serai là-bas…

Je n'ai qu'à plonger et nager jusqu'à eux. Je leur dirai que j'ai perdu mes papiers dans l'eau…

Je réfléchis et essaye d'évaluer les risques. Quand même, ça fait loin. Il doit y avoir cinq ou six kilomètres de distance. Et je suis pas non plus un grand nageur…

— Non mais ça va pas ? Tu ne penses pas une seconde à faire un truc comme ça ? C'est du suicide ! me murmure mon copain entre ses dents.

— Mais non, je suis pas malade…

En revanche, cette histoire de papiers dans l'eau, c'est pas con…

De retour sur la terre ferme, je monte dans un taxi avec Pinot, pressé de retourner à l'hôtel. Le scénario commence à germer dans ma tête. Je sais pas encore trop où je vais, ni comment… mais j'y vais.

— Balade-nous sur le bord de mer par là-bas…, je demande au chauffeur en lui indiquant la frontière.

J'ai besoin de réfléchir et d'approfondir cette idée. De la nourrir, de la faire voyager. Pinot soupire.

— Commence pas, j'ai rien fait encore ! Je réfléchis…

— T'as dit qu'on faisait l'embrouille des téléphones !

Quand j'avais voulu acheter un iPhone au Caire, le vendeur m'avait proposé le dernier modèle à quatre-vingts dollars alors qu'il en vaut huit cents en magasin. Il m'avait expliqué que les appareils étaient reconditionnés et arrivaient de Chine.

Il m'avait suffi de le baratiner pour qu'il me donne le numéro de son fournisseur, et j'avais passé commande de mille téléphones sur une société d'un copain à Tel-Aviv.

— On la fait ! Hong Kong nous livre directement en Israël. On va vendre les téléphones... et les montres !

— Mais tu ne peux pas rentrer dans le pays ! Il faut te le dire combien de fois ?

Il y a deux façons de concevoir sa vie. La première est de penser que les miracles n'existent pas. Et la seconde, de se dire que chaque chose est un miracle. Les gens qui ne croient qu'en ce qu'ils voient sont aveugles. Ils ne voient pas les signes. Or les signes précèdent les miracles...

Le bâtiment est là, devant moi, perdu au milieu de nulle part. On dirait qu'il vient d'être bombardé, tellement il est délabré. Des gens vêtus de blouses blanches entrent et sortent, créant une agitation qui me tape dans l'œil.

— C'est quoi, ça ?

— Un hôpital d'armée.

— Ah ouais ?

Les papiers tombés dans l'eau... l'hôpital... C'est un début de pitch. Ce n'est pas clair dans ma tête, mais je vais improviser.

— Dépose-moi là-bas ! je demande au chauffeur sans plus y réfléchir.

— Mais, Marco, qu'est-ce tu fais ? T'es ouf ! Je te préviens, je vais pas là-bas !

— J'y vais, moi. Toi, tu rentres, tu prends tout ce qu'il y a dans le coffre et tu files à l'aéroport.

Il devient blême.

— Mais tu ne vas pas me laisser tout seul ici ? J'ose même pas sortir de l'hôtel !

— Tu préfères venir avec moi ? Non ! Alors fais ce que je te dis ! Rendez-vous au Hilton. Si Dieu le veut, on se voit là-bas ce soir…, je lui lance avant de descendre de la voiture.

— Salut, l'ami, il me dit, la gorge serrée.

— Salut, mon frère.

J'entre dans l'immeuble et observe autour de moi.

Qu'est-ce que c'est que cet hôpital… On dirait une pharmacie ! Vieillot, peu d'infrastructures, un bordel monstre… Exactement ce qu'il me faut !

Je chope un infirmier et lui raconte que je suis un touriste français qui a eu un accident de moto. Il ne comprend rien de ce que je lui dis.

— Je crois que c'est cassé, je lui explique en lui montrant mon bras.

Le jeune me conduit dans une salle vide où je patiente jusqu'à ce qu'un médecin entre et me parle un français correct mais tout de même approximatif.

— Je pense que je me suis cassé le bras.

À peine essaye-t-il de le toucher, je hurle.

— Aïe aïe aïe ! j'ai mal, j'ai mal, j'ai mal…

— On va faire une radio, m'indique le médecin.

Je ne risque pas grand-chose, leurs appareils de radiologie datent du Minitel ! En attendant les résultats, je teste le médecin.

— Combien ça gagne, un docteur, ici ?

— Ça dépend, il me dit en parlant avec les mains. Quatre cents, cinq cents euros…

— C'est tout ?

Je lui tends un billet de cent dollars :

— Tiens, ça me fait plaisir.

Le médecin accepte sans rechigner. Ça montre qu'il y a une opportunité…

— Tu peux me faire un plâtre mais pas dur ? Que je puisse bouger…

— On attend les radios…

— On s'en fout, des radios ! Il est cassé, je te dis !

— Oui, on peut mettre les bandes…

Cette fois, je sors de ma poche un billet de cinq cents dollars.

— T'es capable de tout me plâtrer ? Le torse, les bras… Je voudrais faire une blague à ma femme.

— C'est pas très drôle, comme blague.

— Crois-moi, elle va rire ! j'insiste en agitant le billet sous ses yeux.

— Ça peut se faire…, il répond en mettant le billet dans la poche de sa blouse.

Le médecin se lève pour préparer les bandes sans poser plus de questions.

— T'es comment avec Israël ?

C'est casse-gueule, mais je suis mon idée.

Il me regarde. Je vois qu'il tique et attend d'en savoir davantage avant de se prononcer.

— Je t'explique… Je suis venu pour faire des affaires ici et j'ai laissé ma famille à Eilat. Entre-temps, j'ai perdu mes papiers. Je suis allé à l'ambassade mais je dois attendre deux semaines avant qu'ils me les refassent, et ma femme elle va passer les vacances seule avec les enfants. Elle va rentrer, elle va vouloir divorcer… Tu connais ? Tu sais comment elles sont, les femmes… Tu dois avoir plein de femmes, toi…

Le mec me fait oui de la tête en souriant, tout fier de lui.

— Et tu veux pas que je divorce, hein ?

Puis, il finit par me confirmer que non, tellement je l'embrouille.

— Alors on fait comment ?

— Pas de problème… Israël, ce sont des amis ! Si tu as quelqu'un qui peut venir et confirmer ton identité à la frontière, ils vont te laisser passer. Mais ils t'emmèneront directement à l'hôpital.

Alléluia !

Là, je sors deux billets de cinq cents !

— Alors plâtre-moi tout le corps et organise mon transfert en ambulance. Je vais demander à mon frère de venir.

Quelle embellie ! C'est la meilleure idée que j'aie eue depuis longtemps !

Il faut maintenant que je m'occupe de la logistique… Je prends mon téléphone et appelle un copain franco-israélien qui a des relations haut placées. Si ça tourne mal, il pourra toujours s'en sortir.

— Combien ? il me demande.

— Cinq mille dol', ça te va ?

Je comprends à son silence qu'il faut augmenter la mise.

— Dix mille.

— Si t'as dix, tu peux payer vingt. Je te vois là-bas, il me dit avant de raccrocher.

— OK, je te vois là-bas…

Putain, pourvu qu'il me balance pas entre-temps…

Je profite que le médecin organise le transfert et mets en scène mon histoire.

Je me coupe le doigt avec un des ustensiles de médecine qui traînent sur le plateau devant moi et me barbouille le visage de sang. J'en mets partout et me fous du coton entre la lèvre et la gencive pour la faire gonfler et m'empêcher de parler. Si ça marche, c'est un miracle.

Mon Dieu, je t'en supplie… Pourvu que ça fonctionne, sinon je suis foutu !

Allongé sur le brancard dans l'ambulance, je prie de toutes mes forces. Je tremble tellement que je n'ai aucun mal à me mettre en condition. Je fais vraiment mal en point.

Le médecin a accepté de m'accompagner en échange d'un autre gros billet et parle aux militaires à la frontière. Il leur raconte en arabe que j'ai eu un accident de moto, que j'ai perdu mes papiers dans l'eau et qu'un membre de ma famille va venir attester de mon identité et de mon adresse.

Un des hommes, mitraillette à la main, vient m'interroger. Il me parle d'abord en hébreu, puis me pose des questions en anglais. J'essaye de baragouiner quelque chose mais le coton dans ma bouche remplit son rôle. Il ne me comprend pas.

Il appelle ses collègues, je les entends débattre entre eux et décider de la marche à suivre. L'un d'eux prend son talkie-walkie pour demander du renfort.

Ça y est, je suis mort. Ils vont soit me renvoyer en Égypte soit me jeter en prison direct…

Le bruit de l'émetteur radio me fait peur. Je ferme les yeux et prie de toutes mes forces… Mon Dieu, mon Dieu… Une autre voix se mêle alors aux précédentes. Une voix familière, celle de mon ami qui se met à discuter en hébreu avec l'un des gardes.

Je ne comprends pas tout, mais j'entends les mots « accident », « moto », « papiers »... Tout ce que je lui ai demandé d'expliquer. Ça passe ou ça casse...

Seul dans l'ambulance, j'attends, mort de trouille, jusqu'à ce que les deux ambulanciers qui m'accompagnent ouvrent la porte du van blanc et rouge et me sortent de là. Je ne sais pas où ils m'emmènent... J'ose pas ouvrir les yeux. Je perçois de l'agitation autour de moi... sans comprendre vraiment de quoi il s'agit. Je sens qu'on me pose quelque part, des rails... Je crois qu'ils m'ont mis dans une autre ambulance.

Ça crie, j'entends les portes claquer et le chauffeur qui démarre. J'ouvre les yeux à moitié pour tenter de voir ce qui se passe à l'extérieur, tout est flou... mais j'entrevois la barrière de sécurité qui se lève, je prends conscience qu'on est en train de passer la frontière.

Incroyable... J'ai l'impression d'entrer au paradis.

En arrivant à l'hôpital d'Eilat, le chauffeur et son acolyte me jettent dans un coin, le temps de trouver quelqu'un pour s'occuper de moi.

C'est pas la même ambiance que celui que j'ai quitté ce matin et je ne vais pas pouvoir les embrouiller pareil, comme je veux. Dans ce pays, tout le monde fait l'armée, y compris le personnel médical. Ils sont entraînés, formés, aguerris. Je vais pas pouvoir tenir la blague très longtemps.

Les deux hommes qui m'ont amené ici font la queue, attendant leur tour. Ils sont de dos et ne me voient pas. Des gens vont et viennent sans même me regarder...

Putain, qu'est-ce que je fais ?

J'y vais… J'y vais pas… C'est risqué.

La sortie est à quelques mètres devant moi. Ça se tente…

Si je me fais choper, je risque de passer un sale quart d'heure. Au pire, je ferai genre je sais pas où je suis, ni ce que je fais… Je ferai semblant d'être incohérent…

Allez, Marco… Réfléchis pas. Personne ne te regarde… Vas-y, fonce !

Je me lève discrètement sans me faire remarquer. Les deux ambulanciers discutent entre eux. J'en profite et marche d'un pas rapide vers la sortie. Je suis tellement pressé, j'ai tellement peur que je ne vois pas la porte vitrée devant moi et la prends en pleine tronche !

Je suis sonné mais je me relève, je ne réfléchis plus, je sors.

Le soleil m'éblouit et la chaleur me prend à la gorge. Je ne réalise pas encore que je suis à l'extérieur, je me crois toujours dans l'enceinte de l'hôpital… jusqu'à ce que je voie un taxi passer.

J'ai réussi… J'ai réussi, putain… Je suis dans la rue !

Un autre taxi passe devant moi, je l'arrête et me dépêche d'ouvrir la portière.

— *Shalom*[1], lance le chauffeur en me voyant.

Ce mot me donne envie de pleurer de joie.

Il remarque aussitôt mes marques rouges sur le visage et se met à me poser des questions. Rien d'anormal, dans ce pays où chacun se soucie de la sécurité de l'autre. Je dois rester vigilant et ne pas me faire avoir maintenant.

— *Hakol beseder ?*[2] il me demande.

1. Traduction de l'hébreu : « Bonjour ».

2. « Tout va bien ? »

— *Ken, ken…* [1] Moto… accident…, je lui réponds en mimant pour qu'il me comprenne.

Il hoche la tête et se met à rouler.

— Hilton Tel-Aviv, *bevakasha*[2] ! je lui clame fièrement.

1. « Oui, oui… »

2. « S'il te plaît ».

8

Israël ! Enfin !

Pinot n'en revient pas.

— Mais combien t'as de vies, sans déconner ? T'es pire qu'un chat !

Franchement, je me demande… Je n'aurais jamais pensé que mon scénario fonctionnerait aussi bien. À croire que Dieu voulait vraiment que j'arrive en Terre Sainte…

J'écoute Pinot bavasser en m'habillant. Pantalon en lin beige, chemise en coton blanc, espadrilles en daim… Faut que je fasse une entrée princière !

— Tu vas où comme ça ? T'es au courant qu'il y a tout Paris dans cet hôtel… Et que t'es rentré dans le pays en clando ? La Mishtara[1] va venir t'arrêter direct !

— Ouais… Ben, qu'ils viennent… En attendant, je vais voir ma femme ! J'ai croisé une de ses copines tout à l'heure en arrivant et elle a arrangé pour moi un rendez-vous. Ça va être la surprise du jour !

— Le scoop de l'été, plutôt…

1. Police d'Israël.

Dans quelques heures, mon nom sera dans la bouche de tous les Français en vacances à Tel-Aviv et au centre de toutes les conversations.

Et, entre mes potes et les langues de putes, il y a qu'un pas. Loin de moi l'idée de critiquer, je suis le premier à le faire ! Moi aussi, je fais partie du système. Et j'adore qu'on parle de moi !

Seule à table, face à la mer, Valérie fume une cigarette. Elle est de dos, mais je devine sa nervosité rien qu'en regardant ses épaules. Je la connais, elle déteste attendre. J'avance vers elle et lui chuchote à l'oreille :

— Je suis là.

Elle sursaute, se retourne… et met quelques secondes à prendre conscience.

— C'est pas possible… T'as réussi ? Comment t'as fait ? T'es vraiment un diable ! elle s'écrie en me serrant fort dans ses bras.

Un frisson me parcourt. Comme une décharge électrique. Depuis combien de temps on ne m'a pas enlacé, embrassé ? J'ai l'impression que ça fait une éternité.

— C'était pas très compliqué… Une vraie passoire, ce pays, je lance en rigolant.

— Tu parles, t'as dû payer bonbon !

Dans le langage de ma femme, ça signifie : « Maintenant que je suis rassurée et que je vois que tu vas bien, dis-moi combien ça nous a coûté, tes conneries ! » Elle craint tellement que je dilapide tout et que je ne laisse rien à « ses » enfants qu'elle me talonne tout le temps, et dans ces moments-là elle me fait plus peur que le contrôleur des impôts !

Contrairement à ce qu'on peut croire, nous ne sommes pas des gens d'argent. On peut nous trouver vénaux, penser qu'il n'y a que l'argent qui nous intéresse parce qu'il est au centre de nos conversations, je considère au contraire que c'est plutôt sain.

L'argent, chez nous, n'est pas un sujet tabou. On en a, on en dépense. Quand t'as du fric, t'es plus beau, t'es en meilleure santé, mieux soigné… On le sait !

Valérie et moi, on a tout vécu, le faste, la dèche, la flambe et les mois sans une thune… Avec ou sans, on s'est aimés pareil, on s'est disputés pareil et on a continué d'élever nos enfants exactement de la même façon.

Notre famille a toujours été la chose la plus importante à nos yeux, et je ne peux même pas décrire le bonheur que j'éprouve quand j'entre dans la maison que ma femme a louée pour quelques mois.

— J'étais sûre que t'allais y arriver ! me dit mon aînée, Cindy, en me voyant débarquer à la maison. Qu'est-ce que t'as fait, comme embrouille ? T'es rentré comment ?

— En ambulance. L'histoire est dingue, je te raconterai ! Bon… On dîne où ?

— Tu comptes vraiment t'afficher ? demande Valérie.

— D'après toi ?

Ma moitié lève les yeux au ciel.

— Ce qui est bien, avec toi, c'est que c'est jamais fini…, lâche-t-elle dans un soupir.

Me retrouver là, parmi les miens, me procure instantanément un sentiment de liberté… Presque d'impunité. Avec eux, je ne suis pas sur mes gardes, je me sens fort, léger et hors de danger.

Sitôt le dessert terminé, mes deux ados se barrent pour rejoindre leurs copains. Je comprends, j'étais comme eux à leur âge. Je pensais qu'à m'amuser et, à bien y réfléchir, ça n'a pas vraiment changé.

— OK, c'est quoi, la suite ? attaque d'emblée Valérie.

— Oui, papa, c'est quoi ? renchérit Cindy.

— Comme prévu, on va s'installer, inscrire les enfants à l'école...

— Parce que tu crois qu'ils vont nous laisser vivre normalement ? Ils vont t'extrader, c'est sûr !

— S'ils me virent, ils sont obligés de dégager les autres aussi ! La moitié des mecs qui ont fait du CO_2 à Paris se sont installés ici... Il va plus rester grand monde...

— Il n'a pas tort..., rétorque ma fille.

— Arrête, Cindy, il faut qu'il se rende, c'est tout !

— Non, c'est mort ! Je veux pas... Pas question... Pas huit ans !

— Mais tu feras pas huit ans, me répond Valérie pour dédramatiser. Cinq au max...

— Même cinq ! Les petits, c'est pas grave, ils auront vingt piges, mais moi j'en ai déjà vingt-cinq ! On fait comment ? Je me marie sans lui ? Quand j'aurai des enfants, je les emmènerai voir leur grand-père au parloir ? hurle Cindy, au bord des larmes.

Ma fille en a vu beaucoup. Plus que Nina et Samuel. Elle a vécu les descentes de flics intempestives, les gardes à vue à répétition, la séparation à chacun de mes séjours en prison. Elle est marquée au fer rouge.

— Tu préfères qu'on nous montre du doigt ? Tu ne vois pas comment ils nous regardent, tous ? répond ma femme en balayant des yeux la salle du restaurant. Tu ne les entends pas chuchoter « Le voilà, l'escroc qui a détourné trois cents barres » ?

— Je les emmerde ! je riposte en me redressant fièrement.

— Pas moi ! Paye ta dette et sors-nous de cette histoire le plus dignement possible. Il est hors de question que *mes* enfants aient honte de leur nom.

Ma femme, c'est pas *Retour vers le futur*, c'est retour à la réalité, direct ! En prison sans passer par la case départ !

Il doit forcément y avoir une autre porte de sortie…

— Je fais venir les avocats. Ils vont trouver une solution… En attendant, on peut kiffer un peu ou c'est interdit ?

Dès le lendemain, des connaissances, affairistes comme moi, m'appellent pour me proposer des investissements. Des immeubles, des restaurants, des boutiques. Ils ont tous quelque chose à me vendre, et ça tombe bien, moi aussi !

Je ne suis pas dupe… Je sais bien qu'ils me voient tous comme le pigeon idéal. Celui qui a planqué une tonne et qui, avec un peu de chance, va finir mort ou en prison d'ici quelque temps. Ça laisse de la marge pour rembourser… Je fais semblant de m'intéresser à leurs dossiers et en profite pour refourguer les montres.

En même temps, c'est normal, si tu veux me prendre un peu de pognon, commence, toi, par me montrer patte blanche, non ?

Premier rendez-vous, deux montres, deux cent mille euros. Bam !

Deuxième rendez-vous, cent vingt mille. Bam, bam !

Troisième, quatrième, cinquième… C'est un carton !

Les prix affichés sur les factures sont tellement plus élevés que le prix de vente que je n'ai aucun problème pour trouver acheteurs ! J'écoule le stock en quelques jours et me dépêche de rembourser mes dettes. Il me reste six millions.

Six barres… Non, mais… Six barres !

En espèces ! Après la com de Pinot !

On ne peut pas dire qu'il ne l'a pas méritée, après tout ce que je lui ai fait subir. D'ailleurs, depuis qu'il a touché son pactole, il m'évite. Je comprends, si j'étais lui, je m'éviterais aussi…

Avec six plaques à gauche, tu te sens léger… Tu te sens libre !

Un peu trop, d'ailleurs, au goût de mes deux avocats, qui viennent de me rejoindre au Shuk HaCarmel, le plus grand marché de Tel-Aviv. Leur air préoccupé et leur teint habituellement blafard m'angoissent tellement que j'ai choisi de faire le rendez-vous ici, au milieu de la foule et du folklore.

J'ai emmené mon copain Bouchon. Mon nouveau Pinot. Serge, mon avocat, Bouchon et moi, on a grandi ensemble sur les marchés de Belleville.

Serge était le plus intelligent, et moi, le plus malin. Il a fini avocat, moi, voleur !

Et Bouchon… Il est resté le même. Un mec de Belleville, simple et sans histoires. Sauf quand il est avec moi ! Là, il s'agite, il vibre…

J'écoute les avocats d'une oreille distraite, plus concentré à voler des pistaches sur l'étal à côté. Comme à Tunis, quand on était petits et qu'on s'amusait à détacher l'âne du marchand ambulant pour lui voler ses bonbons.

Je m'amuse à faire des clins d'œil à Bouchon pour qu'il me couvre pendant que je les mange en cachette.

Mes avocats me prennent pour un dingue ! Surtout Me Ohayon, l'associé de Serge qui vient de reprendre l'affaire. Il ne me connaît pas bien et hallucine en me voyant plus enclin à la déconne qu'à l'écouter.

— Israël a le droit de vous extrader si la France en fait la demande, dit-il. Elle ne le fait pas, certainement pour des raisons d'agenda juridique. Les procédures sont tellement longues, la justice, je pense, préfère ne pas prendre de risques… Sans compter que nous demanderions un renvoi d'appel qui prendrait encore des années. La France a tout intérêt à attendre que vous reveniez.

— OK, mais, j'ai une question… J'ai un mandat d'arrêt international au cul, oui ou non ?

— Juridiquement, le mandat d'arrêt international n'existe pas. C'est un abus de langage et il n'existe aucune liste à proprement parler, déclare Serge. On ne peut pas savoir…

J'éclate de rire.

— Attendez… Vous êtes en train de me dire qu'il n'y a pas de demande d'extradition, pas de mandat international… et vous voulez que je me rende ? Pourquoi je ferais ça ?

— Vous risquez un an supplémentaire s'ils vous attrapent en pleine évasion, m'explique Ohayon d'un ton grave.

— Je me suis pas évadé, je suis en cavale… Vous n'avez pas idée de ce que c'est, vous, la prison… Je viens de faire deux piges, moi, je sais !

— Seize mois.

— Ah ouais ? Ben, j'ai l'impression que ça a duré cinq ans ! Alors retournez bosser et trouvez-moi une solution !

Les pauvres, ils travaillent comme des fous pour trouver un moyen de réduire ma peine. Ils sont d'accord avec moi sur le fait que ça ne valait pas huit ans.

Mon job à moi, c'était d'ouvrir des comptes bancaires pour les autres. Je vais pas faire huit piges pour ça ? Pour avoir fait le chaperon !

Je préfère rester ici en attendant l'appel. Là, j'emmerde personne. Je vais, je viens, je gagne de l'argent de façon « légale »... Je vais même avoir un passeport.

Ça m'a coûté cent cinquante mille balles pour avoir ces faux papiers. Je n'ai plus qu'à aller les chercher à la mairie.

Bouchon m'accompagne et panique un peu en voyant les deux militaires armés à l'accueil. Moi, pareil, mais j'essaye de rester naturel quand la nana derrière le comptoir m'enjoint de laisser mes empreintes digitales, obligatoires pour le passeport. J'ai pas le choix, je peux pas faire demi-tour et me sauver... Je jette un œil aux deux types qui me surveillent.

Je suis bloqué. Je pose un doigt sur le boîtier électronique devant moi et j'attends...

La jeune femme lève les yeux de son ordinateur et me demande de patienter quelques instants. Putain, ça pue. Bouchon flippe de plus en plus et se rapproche discrètement de la sortie. La secrétaire revient et m'invite à la suivre, seul.

Je m'exécute et entre dans un bureau où m'accueille une dame en tailleur chic. La soixantaine, élégante, elle a un air imposant mais pas menaçant. Rassurant, même...

— Bonjour, monsieur Mouly...

Aïe ! Là, ça me rassure plus du tout. Mes jambes se mettent à trembler.

— N'ayez pas peur, je ne vous veux aucun mal et je ne vais pas vous arrêter. On sait que vous êtes là et on connaît votre adresse…

— Et vous savez comment je suis entré dans le pays ?

— Par bateau.

Tu parles, ils ne sont au courant de rien du tout… En revanche, moi, je sais maintenant qu'il y a forcément une balance autour de moi, vu que j'ai raconté cette version de l'histoire à quelques personnes.

— Alors pourquoi vous ne m'arrêtez pas ? je lui balance, maintenant que je suis assuré qu'elle ne le fera pas.

— Vous êtes le problème de la France, monsieur Mouly, pas le nôtre. Pourquoi voulez-vous qu'on se retrouve avec une difficulté supplémentaire ? Nous avons suffisamment à faire avec « vos compatriotes » qui ont fait leur Alya avant d'être inquiétés en France. Nous ne pouvons vous mettre en prison, vous n'êtes pas recherché en Israël… Si les Français ne demandent pas l'extradition, nous ne pouvons rien faire. Ils savent que vous êtes ici… Et votre affaire a fait assez de mal à notre gouvernement et à notre image, vous ne trouvez pas ?

J'y suis pour rien si un journaliste a publié une photo d'un de mes associés en famille avec le premier ministre Benyamin Netanyahou. J'y suis pour rien, s'ils sont copains ! Tout ne peut pas être de ma faute !

— Donc on fait comment ? On s'arrange ?

Elle me sourit, se lève et s'avance vers moi. À mon avis, elle va me proposer un deal.

— Vous ne comprenez pas, monsieur Mouly… On ne veut pas de vous chez nous !

Pardon ? C'est une blague ? Ce pays est d'accord pour accueillir les juifs du monde entier mais pas moi ? Mais pourquoi ?

Ce que j'ai fait n'est pas si terrible ! Je n'ai tué personne. Je veux bien me faire jeter de partout mais pas d'ici !

Et certainement pas comme un malpropre ! La France, encore, je comprends... mais, eux, je leur ai rien volé ! En même temps, je m'en tape, de ce qu'elle dit, et tant mieux si la France sait que je suis là, ils n'ont qu'à venir me chercher... Mais, moi, je vais nulle part !

Je compte rester là jusqu'en avril, qu'ils le veuillent ou non. Il faut juste que je planque mon argent au cas où il y aurait une galère. Au moins, ma femme et mes gosses auront de quoi voir venir si je ne suis plus là.

Depuis le début de cette cavale, je ne pense qu'à ça ! Engranger un max de pognon pour assurer nos arrières. Et, là, ça devient urgent ! J'ai neuf millions cachés sous les matelas à la maison.

J'en ai gagné trois de plus grâce à une affaire de Range Rover en provenance des États-Unis. La marge était de soixante-cinq mille par voiture. Cinquante mille pour moi, quinze pour l'intermédiaire. Partage équitable, vu que je prends tous les risques.

Je reconnais que c'était plutôt facile à vendre, il n'y a que des Porsche et des Ferrari dans cette ville ! Et il a suffi qu'on me voie au volant d'une de ces bagnoles pour que tous les mecs aient envie d'avoir la même.

À peine sorti de la mairie, sans passeport, évidemment, j'attrape mon téléphone et appelle mon cousin Steve, le seul à qui je peux confier de l'argent les yeux fermés. Il ne me volera jamais un centime. Notre relation est trop importante pour lui.

Le rendez-vous est pris, on se retrouve directement chez moi.

— Neuf barres ? Comment tu veux planquer neuf barres, sans déconner ? Mets-les à la banque, me dit Steve, debout dans mon jardin.

Il est con ou quoi ? Tous mes comptes sont bloqués et je suis surveillé de tous les côtés !

— Non, non ! On n'a pas le choix, faut creuser !

— Creuser quoi ?

Steve me regarde, l'air complètement hagard.

— Le jardin ! On va faire neuf trous et on va les enterrer. Une barre dans chaque trou. Faut que personne ne le sache. Même pas ma femme !

— Elle va le voir ! C'est son jardin ! rétorque Steve.

— On ne sera pas là.

J'ai prévu d'emmener toute la famille à Eilat ce week-end faire le circuit habituel, Massada, la mer Morte… Ça lui laissera du temps pour tout planquer.

— Pourquoi moi ?

Quelle perche ! Moi qui ai toujours rêvé de caser cette phrase du *Bon, la Brute et le Truand* sans jamais en avoir eu l'occasion…

— « Tu vois, le monde se divise en deux catégories, ceux qui ont un pistolet chargé et ceux qui creusent. Toi, tu creuses ! » T'inquiète, quand je rentre, je te donne un beau billet !

Je passe voir mes avocats à leur hôtel avant de partir. Ça fait quatre jours que je les paye pour me trouver une solution, j'espère qu'ils ont au moins une piste.

— On en a une ! me dit Me Ohayon. Il faut que vous vous rendiez à Genève. On va faire jouer le principe de spécialité. La loi suisse stipule qu'une personne qui a été remise sur la base d'un mandat d'arrêt européen ne peut être poursuivie, condamnée ou privée de liberté...

— OK, parle français, s'il te plaît. Je comprends rien à ton charabia d'avocats.

— En clair, si vous vous faites arrêter en Suisse, vous ne serez jugé que sur cette affaire, pas sur les précédentes. C'est un principe mondial.

— Fais pas le malin avec les Israéliens, Marco. Il va t'arriver des bricoles... Rends-toi ! Les prisons en Suisse, c'est le Club Med, comparé à la France ! renchérit Serge.

— Je sais pas... Faut que j'en parle à ma femme. Vous repartez quand ?

— Ce soir.

— Alors profitez-en pour bronzer un peu, vous avez mauvaise mine !

Rien à faire, je ne me résous pas à me rendre. Il y a tout ce que j'aime, ici. Le soleil, la mer, le farniente... Je suis bien ! Beau gosse, bronzé... Pourquoi j'irais m'enfermer, même si la prison ressemble au Hilton ? Pourquoi ?

Moi aussi, je veux faire du cheval sur la plage avec mon chien qui court derrière... Ils le font bien, les autres ! Je les vois, les escrocs, en photo sur les réseaux !

Ils ont beau dire qu'ils se font chier comme des rats morts et que Paris leur manque, je veux me faire chier comme eux ! Mieux vaut ça que la prison !

Évidemment, je n'ai pas demandé son avis à ma femme, qui me foutrait dans l'avion pour Genève sur-le-champ. Elle n'a tellement pas envie de rester là, je le vois bien, elle m'a fait la gueule toute la semaine à Eilat et elle continue dans la voiture sur le chemin du retour.

Ça ne sert à rien que je dise quelque chose, elle va me tomber dessus ! J'attends que ça passe en écoutant de la musique dans mon nouveau Range Rover.

La sonnerie du téléphone interrompt la musique, je décroche. La voix paniquée et haletante de mon cousin Steve résonne dans tout l'habitacle.

— Marco, Marco, faut que tu rentres ! Vite, ils ont tout volé !

— Volé quoi ? demande Valérie, qui sort de son mutisme.

— Tu me charries ? Mais qui, « ils » ? C'est qui ? je hurle au téléphone.

— Je n'en sais rien... Y a des trous dans le jardin, de la terre partout..., il dit, au bord des larmes.

— Ne bouge pas, j'arrive !

Mon sang ne fait qu'un tour. J'accélère. Je ne veux pas y croire... C'est un cauchemar... Je vais me réveiller...

— T'as planqué de l'argent dans le jardin ? Mais t'es devenu fou ? Combien ? s'écrie Valérie, encore plus en colère.

J'hésite à lui répondre...

— Papa, combien ? insiste Cindy, assise à l'arrière de la voiture avec son frère et sa sœur.

— Neuf millions.

— Oh ! putain, papa…

L'angoisse monte… De plus en plus… J'accélère encore.

— Je suis sûr que c'est toi qui as fait le coup. Je te connais, t'as dû t'auto-voler, lâche Valérie, cinglante.

— Sur la vie des gosses que c'est pas moi !

— Menteur ! Tu l'as déjà fait !

C'est vrai, je l'ai déjà fait… mais c'était pour la bonne cause. J'avais une affaire de cuir à l'époque qui s'appelait Coco Marco, avec une vingtaine de magasins situés dans des centres commerciaux en périphérie de Paris.

Je cartonnais… Jusqu'à ce putain de contrôle fiscal !

Durant des mois, j'ai embrouillé le contrôleur. Je l'emmenais au restaurant tous les jours, j'offrais des manteaux à sa femme, je les invitais à shabbat à la maison… C'était devenu mon pote ! Et cet enfoiré m'avait quand même redressé de deux cents millions de francs !

Je n'avais pas d'autre choix que de déposer le bilan et de planter mes fournisseurs, qui se trouvaient tous être des amis, des gens dont j'étais très proche, que je fréquentais au quotidien… Je savais qu'après ça je ne pourrais plus faire de business avec eux.

C'est là que m'est venue l'idée de brader toute ma marchandise et d'encaisser une tonne de cash dans le seul but, je disais à l'époque, de rembourser tout le monde.

J'avais mis l'argent dans des sacs plastiques puis dans le coffre de ma voiture, avant de passer prendre un de mes amis à Paris qui avait la réputation de n'avoir qu'une parole. Personne au monde ne pouvait remettre en cause ce qu'il disait tellement le type avait le mérite d'être droit.

J'avais prétexté vouloir lui offrir un téléphone et avais ouvert le coffre devant lui pour prendre des espèces… En réalité, je voulais qu'il voie les sacs avant qu'on entre dans la boutique.

Quand je suis sorti du magasin, la voiture avait disparu. Elle n'était nulle part, et je ne pouvais que la déclarer volée. C'était plausible, vu tous les mecs qui m'en voulaient ! Le poissard de service…

Je n'avais plus rien. Raide. Sur la paille.

Et mon ami était témoin. Il avait confirmé avoir vu l'argent dans le coffre juste avant de rentrer dans la boutique, décrit la panique dans laquelle j'étais en sortant, il avait relaté toute la scène sans savoir que j'avais monté ce coup-là de toutes pièces. Mes créanciers m'avaient cru et, au lieu de m'accuser, ils m'avaient plaint pendant des mois !

Avec le temps, j'ai fini par rembourser tout le monde. J'ai monté d'autres affaires qui leur ont permis de gagner de l'argent d'une manière ou d'une autre, mais j'avoue que cette ruse m'avait bien servi.

Je donnerais tout pour m'être auto-volé encore une fois…

Il n'y a plus rien.

Steve est bouleversé. Il jure sur tous les dieux qu'il n'en a parlé à personne et qu'il a trouvé le jardin dans cet état. Retourné. Saccagé. Le chaos total.

On m'a tout volé… Tout !

Mon cœur se serre. J'étouffe. Je m'assois à même le sol et je contemple le désastre.

— C'est pas possible, Steve. T'as forcément jacté à quelqu'un… À qui, putain ? À qui ? je lui demande, presque en larmes.

— À personne, je te promets. J'ai fait comme tu m'as dit, j'ai creusé neuf trous, j'ai tout rebouché et j'ai mis neuf énormes jarres dessus pour camoufler. Je sais pas comment ils ont fait pour les renverser, ça pèse une tonne !

Je me lève d'un bond et attrape la pelle.

— Ils en ont oublié un ! je crie en voyant le seul et unique pot tenant encore debout.

Je me mets à creuser, creuser, creuser… Comme un fou, sans m'arrêter, jusqu'à ce que je cogne contre quelque chose de dur… Le sac contenant la dernière plaque de cash.

— Merci, mon Dieu… Merci ! je lance en regardant le ciel.

Je suis tellement heureux ! Je ne suis même plus énervé pour les huit autres millions.

Je fais partie de ces mecs qui, quand ils ont cent euros et qu'ils en perdent cinquante, sont contents qu'il leur en reste cinquante. Je suis comme ça, je vois toujours le verre à moitié plein. Toujours.

Dans le fond, c'est que de l'argent ! Et, quand on sait le gagner, faut aussi apprendre à le perdre, c'est comme ça.

Je ne veux même pas savoir qui l'a pris. Je m'en fous. À quoi ça sert, de remuer la merde ? Cette affaire de CO_2 a mis les nerfs à tellement de gens que, si ces huit briques peuvent en calmer certains, tant mieux !

Je finirai par les regagner, de toute façon.

Le mois d'août touche à sa fin, les vacanciers commencent déjà à rentrer chez eux et je vais pouvoir me remettre à travailler, vraiment. Sérieusement. Je vais me calmer, moins fanfaronner et me concentrer un peu plus sur la suite…

C'est ce que je me dis en remontant les marches de la plage, beaucoup moins bondée que ces derniers jours.

— Marco Mouly ? me lance l'homme qui descend comme un cow-boy d'un 4x4 noir aux vitres teintées.

Petit, musclé, il a le même accent que dans *Fauda*. C'est un condé, c'est sûr !

— Non, je lui réponds, flippé. Je m'appelle Michael.

Là, je perçois le vrai danger… Je cherche autour de moi quelqu'un qui soit susceptible de m'aider… Personne.

Je sens que je vais finir avec une cagoule sur la tête à l'arrière de son camion… Le type pose la main sur mon épaule et fronce les sourcils en me regardant droit dans les yeux.

— OK… Je vais te poser la question une deuxième fois… C'est toi, Marco Mouly ?

La voix de Serge, mon avocat, résonne dans ma tête : « Fais pas le malin avec les Israéliens, Marco… Il va t'arriver des bricoles… »

— Oui, c'est moi.

— C'est bien, mon ami. Alors écoute… Tu as vingt-quatre heures pour quitter le pays, m'ordonne-t-il avant de remonter dans sa voiture.

Oh ! putain, je suis mort !

Mort. Mort. Mort.

C'est fini, faut que je me casse ! Ça devient beaucoup trop dangereux. Je dois me rendre, j'ai plus le choix. Je peux pas repartir en cavale, j'en ai marre ! Et avec qui, cette fois ? Personne ne va me suivre… Faut que je dégage vite avant qu'ils se fâchent vraiment !

— Steve, prends l'argent et rejoins-moi à l'aéroport Ben-Gourion dans deux heures, je lui annonce en raccrochant sans même attendre sa réponse.

Je lui avais confié le fric le temps de trouver une autre cachette, mais, au vu des récents événements, je risque d'en avoir besoin pour monnayer ma peine…

Chez moi, j'informe Valérie et Cindy, qui s'affolent, mais m'aident à préparer un sac en vitesse.

— Tu vas où ? me demande ma femme.

— En Suisse… Pour me rendre.

— En Suisse ? Ils vont t'attendre à la descente de l'avion ? T'en es conscient ?

— Je m'en doute. Je viens de prévenir les avocats.

Ma femme se tait. Elle sait que c'est dur mais que c'est la meilleure solution pour tout le monde.

— T'inquiète pas… Ça va aller… Tu viendras me voir ? je blague pour détendre un peu l'atmosphère.

Bien sûr qu'elle viendra, j'ai pas de doutes. Vingt-cinq ans de mariage, ça compte. On a beau se disputer tout le temps, on est dans le même bateau… Dans la même équipe. Je pourrai toujours compter sur elle.

Une fois la valise terminée, je m'arrête dire au revoir à mon copain Thierry avant d'aller à l'aéroport.

— Alors, tu repars en cavale ? il me lance, façon Audiard, en m'accueillant sur le pas de la porte.

Je crois que c'est le mec qui me fait le plus rigoler au monde ! S'il n'avait pas une femme et douze mille gosses, c'est avec lui que je serais parti à l'aventure !

— Non, je vais me rendre… Sinon, ils vont me rajouter une pige !

— Toi, Marco Mouly, tu vas te rendre ? J'y crois pas deux secondes ! T'as pas peur ? Tu pars pour au moins cinq piges, là... C'est plus de la rigolade !

— J'ai peur que de Dieu et de ma femme, tu le sais... Tiens, je te laisse le Range, je réplique en lui donnant mes clés. Tu peux me filer ton passeport ?

— Ah non, Marco... Tu peux pas me demander ça... Qu'est-ce que je vais dire, moi, si tu te fais choper avec mes papiers ?

— Que je te l'ai volé sans que tu le saches, c'est tout... Il est où ? Je vais le chercher.

— Dans la poche de ma veste... Mais, je te préviens, je t'ai pas vu le prendre !

Le passeport en main, je fonce rejoindre mon cousin, qui m'attend depuis une demi-heure.

— T'as l'argent ?

— Dans mon sac.

Je me demande franchement comment je vais sortir du pays alors qu'officiellement j'y suis pas entré ! La douane donne à chaque personne arrivant sur le territoire une autorisation tamponnée, obligatoire pour repartir. Et je n'ai pas le papier...

Autre problème, je ne ressemble pas du tout à Thierry sur son passeport. La douane va tout de suite le voir, et en plus ça risque de lui attirer des emmerdes.

Qu'est-ce que je fais ? J'ai pas de papiers et un million non officiel planqué dans mon sac. Je veux bien partir, mais comment ? Je décide de me présenter au bureau de la sécurité intérieure de l'aéroport.

Casquette sur la tête, j'entre et explique à un des agents que j'ai perdu le document d'entrée et que je ne sais pas comment faire pour repartir.

Qu'est-ce que je risque ? Au pire, ils m'arrêtent et me mettent en prison. C'est toujours mieux que de finir dans le coffre d'une voiture !

Le gars regarde la photo et voit tout de suite que ce n'est pas moi. Il ne prend même pas la peine de taper le nom de Thierry.

Steve attend avec moi. Il est mort de trouille mais fait en sorte de ne pas le montrer.

— Patientez ici, m'ordonne l'homme en tenue de l'armée avant de s'éloigner avec mon passeport.

— Si je me fais arrêter, ramène l'argent à ma femme, Steve.

L'officier revient quelques minutes plus tard. Il a fait vite !

— Où allez-vous ? il me demande.

Je ne sais pas quoi lui dire. Si je réponds « Suisse », les Israéliens vont les prévenir et je n'aurai plus aucune chance de me rendre. Il faut que je brouille les pistes.

Je me retourne vers Steve en l'interrogeant du regard.

— Je ne sais pas… Moi, si j'avais le choix, j'irais à Cuba…, il me sort pour noyer le poisson.

Ça me fait marrer…

— Qu'est-ce qu'on va foutre à Cuba ?

— Je sais pas… Kiffer dans un palace et fumer des Cohibas qu'ils roulent dans le miel devant toi !

— Ah ouais, c'est pas mal ! Mais ils vont jamais me laisser aller à Cuba, t'es fou, c'est trop loin, je sors à l'attention du garde, qui reste de marbre.

J'ai beau gagner du temps, je sais que, à l'arrivée, il va finir par me renvoyer en France.

— « Couba ? », il me dit avec son accent et un sourire en coin.

Il me prend pour un con, alors je fais comme lui, je bluffe et fais oui de la tête. Le mec me regarde quelques secondes, prend l'autorisation de sortie du territoire et la tamponne avant de la glisser dans mon passeport.

9

Tu marches le long du trottoir, place de la Bourse, l'air nonchalant et la mine bronzée. La quarantaine, un look de bobo soigné, une barbe de deux, trois jours, tu ne ressembles pas à l'image que l'on se fait d'un journaliste de gauche.

— Alors, comment ça va, monsieur le journaliste ?

Tu sursautes en voyant la portière de la voiture s'ouvrir.

— Marco ! Qu'est-ce que tu fais là ?

— Je t'ai dit il y a deux jours que j'allais revenir à Paris pour te donner une exclu pour ton magazine... Je tiens mes promesses.

Enquêteur chef au *Nouvel Obs*, tu t'es spécialisé dans les articles à sensation. Le grand banditisme, la délinquance financière, la justice... C'est ton credo !

Sur l'affaire carbone, tu as enquêté longtemps. Tu connais le sujet sur le bout des doigts et tu pensais clôturer ta série d'interviews juste après le verdict. Tu n'imaginais pas une seconde un tel rebondissement !

— Pourquoi t'es revenu ?

— Qu'est-ce que tu veux ? Paris me manquait... Allez, monte !

Tu te dépêches de me rejoindre et salues Mamadou comme un copain que tu es content de retrouver. Les quelques mois que tu as passés à mes côtés t'ont fait te sentir privilégié. Tu as rencontré ma famille, rigolé avec ma bande et compris sur quel échiquier j'avançais. Assis près de moi sur la banquette arrière de cette voiture, tu souris à cette nouvelle aventure.

— J'ai pas voulu te faire peur mais je suis obligé de prendre mes précautions, tu comprends ?

Je te mets en condition…

— Il n'y a que toi pour faire un coup comme ça… T'es complètement fou !

— Je sais, mais ça fait trois mois que je suis parti et le monde continue de tourner comme si de rien n'était… C'est pas normal ! Plus aucune info nulle part, personne ne se demande où je suis… Je vais, je viens, personne ne me cherche… Je comprends pas… Je me sauve d'un tribunal déguisé avec une robe d'avocat et personne n'en parle ?

Tes yeux sortent de leurs orbites. L'effet de surprise se lit sur ton visage. Quel mec est assez dingue pour se sauver comme ça alors qu'il vient de prendre huit ans ? Est-ce un sot ou un cerveau ? Un mytho ou un mégalo ?

— T'étais au tribunal ?

Peut-être… Je ne sais pas… C'est ce que la légende dira, en tout cas. Depuis le début, tu penses que je te raconte n'importe quoi mais t'es pas sûr. Tu n'arrives pas à trancher.

T'es un mec intelligent, pourtant. Tu as compris qu'à chaque connerie que je te sors je te fais passer un message. Chaque mensonge que je te balance est basé sur une vérité qui m'a inspiré. Mais laquelle ? Comment discerner le vrai du faux, le mensonge de la vérité, l'honnêteté du bluff ?

Tu ne peux pas. Et, je te rassure, moi non plus, parfois.

Je vis tellement l'histoire au moment où je te la déroule que je ne sais plus si je l'ai vécue ou pas. Je crois à mes mensonges autant qu'à mes vérités. Quand je parle, ce n'est ni étudié ni érudit. Et encore moins pensé à l'avance. Contrairement au commun des mortels, je parle et je réfléchis ensuite.

Mais je ne fais pas partie du commun des mortels. Je suis instinctif, animal. Je réponds à une intelligence primaire, urgente, à une logique qui n'appartient qu'à moi. Je suis imprévisible et n'obéis à aucune règle. Et je me contrefous de ce qui se fait ou pas… des convenances, du politiquement correct…

Tout est bon pour atteindre mon but : t'emmener là où je veux t'emmener… car, contrairement à toi, je sais exactement où je vais sans même y avoir réfléchi.

— Là, tu tiens le scoop du siècle ! « Marco Mouly en cavale de passage à Paris ! » Tu vas en vendre, des journaux ! Combien c'était, la dernière fois ?

— Je sais pas… J'ai pas les chiffres…

Mais mens-moi, bordel, puisque je te mens ! Fais-moi rêver ! Emporte-moi ! Dis-moi que t'en as vendu des tonnes, donne-moi des chiffres insensés, des montants qui frisent le ridicule. Nourris-moi ! Laisse-moi croire que c'est moi le client ! L'arnaqueur qui aime se faire pigeonner ! C'est magnifique, de passer pour un con ! Quelle légèreté ! Moins tu te méfies, plus c'est facile.

— T'es bronzé !

— T'as vu ? Je suis beau gosse ! J'étais à Tunis avec Bernard Tapie.

— En cavale ?

— Mais non, pas en cavale… à l'hôtel, banane !

— Vous vous êtes raconté vos souvenirs de prison ?

Tu penses qu'en me faisant rire tu m'endors… J'adore ! Tu crois que je ne vois pas l'air inquiet que tu caches ? Tu regardes la route discrètement, essayant de deviner où on va. Tu t'imagines plus intelligent que moi sous prétexte que je suis illettré… analphabète… mais, en ne riant pas à ta blague, je te déroute.

— Dis donc, le journaliste de gauche, un peu de respect ! Il a été ministre, le mec… C'est pas n'importe qui ! Qu'est-ce que vous aimez, les Français, cracher sur les mecs qui réussissent. Mais tu crois quoi ? Y a pas un grand patron en France qui a pas fait de carambouilles, qui a pas niqué ses associés ou écrasé la tête de quelqu'un pour réussir. Ça n'existe pas ! Et, pour ton information, non, on n'a pas parlé prison, on a discuté politique… Je lui ai demandé des conseils… On ne sait pas, dans la vie… Peut-être que je vais finir président !

— Avec ton casier ?

— Et alors ? La plupart des politiques font leurs conneries pendant… Ben, moi, je les aurai faites avant, c'est tout !

Je ne suis ni mieux ni moins bien que tous ces gens. Je peux discuter avec Bernard Tapie comme avec l'épicier du coin. Exactement de la même façon. Avec le même intérêt. En en retirant le même plaisir. Les statuts sociaux, je m'en cogne. Seuls les gens m'intéressent. Chaque individu peut m'apporter quelque chose… et bien souvent ses failles beaucoup plus que tout ce qu'il possède.

— Il paraît qu'on t'a vu un peu partout ! En Israël, à New York…

— Ouais, peut-être… J'ai pas mal bougé. T'as reçu mes photos ?

Tu sais, le joli cliché en Italie où je faisais semblant de monter dans une voiture de police, façon *Bons Baisers de Russie*. Encore une fanfaronnade de ce fou de Marco Mouly…

C'est vrai mais je suis un faux fou. Je voulais qu'on sache que j'étais parti et que ça ne servait à rien d'emmerder ma famille.

— T'aurais dû venir avec moi, ça t'aurait fait du bien. T'es tout blanc, on dirait que t'es malade !

Mamadou nous dépose devant une brasserie du 17e arrondissement où j'ai mes habitudes. Je m'installe à une table en terrasse et toi tu regardes autour de toi. Une voiture de police passe. Tu baisses la tête. Tu viens de te rappeler qu'avec moi tu n'es pas en sécurité.

Tu flippes. Tant mieux…

— T'angoisse pas, on ne va pas m'arrêter aujourd'hui… À moins que tu me balances…, je lui dis en déconnant.

— Ça va pas ! Je te ferais jamais un coup pareil !

Je le sais bien… T'as tout à gagner avec moi. Et moi, avec toi…

Tu penses que je te rends service. En réalité, c'est l'inverse. La vérité, c'est que je t'aime bien. C'est pour ça que t'es là, pour ça que je t'ai choisi, que j'ai accepté que tu me suives. Je t'ai reniflé avant, je t'ai senti. J'ai vu ce que t'avais dans le ventre et je sais que tu vas mettre du cœur à l'ouvrage dans ton article. C'était pas gagné au début, je t'ai fait galérer. Mais tu as été coriace. T'as bien fait ton boulot. Tu as capté que le papillon aimait la lumière…

— Tu ne préfères pas aller à l'intérieur ? T'as pas peur de te mettre en terrasse ?

— Peur de quoi ? C'est pas parce que j'ai peur que je vais pas me faire arrêter… La peur, c'est pour les peureux. Elle te bloque et t'empêche d'avancer, alors autant la mettre de côté. Et puis regarde ! Personne ne va me reconnaître derrière mon bob et mes lunettes de soleil… Même toi, t'as eu du mal ! T'as vu, je me suis fait beau, hein ? Petit pantalon blanc, T-shirt bleu marine et blouson assorti… Un vrai touriste !

Ah, ça y est, tu te détends… Tu sais que j'ai raison, tu mets le danger de côté, tu l'emmerdes, le danger ! Ça fait partie du métier… Le scoop avant tout. Tu tires la chaise en face de moi et tu t'assois. Même pas peur !

Super… On va pouvoir passer aux choses sérieuses. Allez, vas-y, pose-moi tes questions…

— Comment t'as fait pour voyager sans passeport et pour rentrer en France sans te faire arrêter ?

— Disons que beaucoup de fenêtres se sont ouvertes…

— On t'a aidé ? Des personnes haut placées, je veux dire.

Tu veux que je te raconte quoi ? Que même aux douanes y a des mecs qui vendraient père et mère pour une enveloppe ? Sûrement. Mais tu serais stupide de croire que l'argent est le seul leitmotiv des gens.

Tu ne peux pas forcer quelqu'un à t'aider si ta tronche ne lui revient pas. S'il ne peut pas te saquer, il fera rien pour toi, même pour du fric ! En revanche, si tu le séduis, s'il recherche ta compagnie, s'il est demandeur… Bingo ! Tu peux lui faire faire ce que tu veux.

La plus grande des morales ne fait pas le poids face à la séduction. Regarde-toi… Tu t'es mis à faire des portraits de moi plus flatteurs les uns que les autres, au détriment de l'affaire sur laquelle tu écrivais. L'arnaque en elle-même est devenue secondaire comparée au personnage.

— Ma simple présence devant toi répond à ta question... Tu veux boire quoi ?

— Un café.

J'appelle le serveur, que je connais bien.

— Comment ça va, monsieur Marco ? Ça fait plaisir de vous voir !

— Ça va, et toi ? Au fait, ma femme ne voulait pas que je sorte ce soir, donc ne dis à personne que tu m'as vu ici... Je compte sur toi ? Et sers-nous deux cafés, s'il te plaît.

— Pas de problème, monsieur Marco !

Le serveur nous abandonne. J'en profite pour ôter mon chapeau et mes lunettes. Les bras t'en tombent.

— Ben quoi ? Tu me vois faire une cavale discrète ? C'est pas mon genre, enfin... Et puis, si c'est pour me planquer comme un rat mort, autant aller en prison tout de suite !

— Je comprends pas, Marco... Pourquoi tu prends tous ces risques ?

— Sinon, ce n'est pas drôle ! Tu me connais... J'aime qu'on parle de moi... mais comme tout le monde ! Toi, c'est pareil... On sait tous les deux que tu ne vas pas gagner des millions avec ton article, que ta carrière ne va pas s'envoler... Ce que tu cherches, c'est la lumière, la reconnaissance... l'adrénaline ! Et, l'action, c'est pas dans ton petit bureau de merde que tu vas en avoir !

Là, tu me détestes. Tu me trouves humiliant, odieux, vulgaire. Pour qui il se prend, ce connard qui sait à peine aligner deux phrases sans faire des fautes de syntaxe ? T'as envie de me fermer ma gueule… T'as raison. J'aime les gens qui se défendent.

— C'est bon, je connais la chanson… Tu vas encore me dire que t'as pas fait tout ça pour l'argent…

— Mais c'est vrai ! Tu veux pas me croire !

— En attendant, t'as quand même un train de vie dispendieux ?

— Ça veut dire quoi, « dispendieux » ?

— Ça veut dire énorme !

— Ouais, tu vois pas… Ils sont venus chez moi, ils ont saisi des bijoux et une quarantaine de sacs à main… Je suis marié depuis trente ans, ça fait un sac et demi par an !

Tu penses sincèrement qu'avec tout l'argent que j'ai pris je n'aurais pas pu capitaliser, acheter des immeubles, me planquer au Panama et vivre peinard jusqu'à la fin de ma vie ? Quel intérêt ? Et surtout quel ennui ! Moi, je vis ma vie comme dans un film, et c'est moi l'acteur principal ! Combien de gens peuvent se vanter de ça ? Combien est-on sur terre à vivre comme moi ?

Il n'y a qu'une poignée de fous qui ont compris que les raisonnements sensés n'amènent que des petites anecdotes. Les grandes histoires, au contraire, viennent toujours de gens que l'on n'attend pas. Dont on se demande ce qu'ils foutent là alors qu'ils sont en réalité précisément là où ils doivent être.

— C'est quoi, l'idée ? Tu joues au chat et à la souris ? Pourquoi t'es revenu ?

— Pour être entendu ! Je veux qu'on réduise ma peine.

— Vu comme ça, j'ai plutôt l'impression que tu veux narguer la police.

— T'es con ou quoi ? Tu crois franchement que je prendrais le risque de venir à Paris ? Je vais pas passer toute ma vie en cavale. J'ai une famille ! Ma femme et mes enfants veulent que je me rende ! OK. Pas de problème. Je suis d'accord ! Mais à certaines conditions…

— Lesquelles ?

— D'abord, je ne veux pas me retrouver à l'isolement. Je l'ai vécu pendant la détention provisoire. C'est l'enfer ! Je suis pas un criminel. Je suis même pas un voleur. Un voleur, c'est un mec qui vole des voitures, des bijoux, qui arrache le sac des petites vieilles… Moi, j'ai fait de mal à personne ! Je prends à l'État. Je me sers avant les autres, c'est tout !

Tu te tais. Tu me laisses parler. Vu mon débit, tu t'attends à des révélations, tu crois que je vais fauter et que, par bêtise, je vais te balancer un truc énorme que tu pourras mettre dans ton papier…

Je te laisse y croire… À l'arrivée, tu écriras exactement ce que je veux que tu écrives. Je ne sais pas encore quoi, mais t'inquiète, je vais trouver. Ça va me venir…

— Donc cette fois je veux un vrai procès, une vraie enquête. Depuis le début, tout a été bâclé !

— Marco, tu ne peux pas dire ça ! Il y a eu cinq ans d'enquête et un mois de procès !

— Tu parles ! Avant même que les audiences débutent, le procureur m'avait annoncé devant mes avocats : « Pour vous, ce sera huit ans ! » Au final, c'est la peine dont j'ai écopé. Tout était écrit d'avance. Et j'ai peur qu'ils me refassent le coup en appel.

— Qu'est-ce qui te fait penser ça ?

— Mon avocat vient de m'annoncer que le procès serait en janvier. Six mois après le jugement de correctionnelle. T'as déjà vu ça, toi ? Moi, jamais ! Je viens à peine d'être condamné, ils me collent déjà un autre procès. Soi-disant, les tribunaux sont embouteillés… Tu parles ! Le Parquet national financier et la 32e chambre veulent faire de nous des exemples et se dépêcher de nous mettre en prison. Tout ça pour gonfler leur bilan avant les présidentielles.

Ça mouline dans ta tête. Je le vois, tu es désorienté. J'ai semé le doute dans ton esprit. Ce que je te raconte te paraît presque logique. Tu prends des notes, tu réfléchis ; en attendant, j'envoie un message à Mamadou et allume une cigarette.

— Continue, je t'écoute.

Je sais bien que tu m'écoutes. Comme Mowgli devant le serpent Kaa, tu bois mes paroles. Sauf que, moi, je t'endors pas avec mes yeux mais avec ma déballe.

— Je vais pas me laisser faire ! Ils veulent tout me coller sur le dos parce que je m'appelle Marco Mouly. Ils pensent que, parce que je suis capable de le faire ou parce que j'allais le faire, alors je l'ai fait ! Mais elles sont où, les preuves ? On a simplement acheté des quotas à bas prix pour les revendre au meilleur moment. Au pire, c'est du délit d'initié, ça ne vaut pas huit ans ! Six, je te jure que je me serais rendu…

Je monte le ton, je m'énerve, je fous le bordel… Et je fais exprès !

Si c'est écrit noir sur blanc, ils vont peut-être avoir peur, se sentir menacés… Ils ne vont pas vouloir remuer la merde… Avec un peu de chance, le juge changera d'avis… Le procureur acceptera la négo… Qui sait ? Faut bouger pour que les choses bougent ! Sinon, il se passe rien. Et moi j'ai besoin qu'il se passe quelque chose ! Vite !

— Pourquoi tu t'énerves ? C'est pas moi qui t'ai condamné !

— Oui, mais c'est à cause de vous, les journalistes, vous ne voulez pas comprendre. Tout le monde savait ce qui se passait : les banques, les politiques, les courtiers… Tous les jours, il y avait un signalement sur une société douteuse. Et on a laissé faire. Pourquoi la Caisse des dépôts et consignations n'a pas porté plainte contre nous ? Hein, pourquoi ? Ils ont demandé un euro symbolique pour la fraude. C'est normal ? C'est parce qu'ils sont responsables autant que nous ! Personne ne l'écrit, ça ! Je sais pas, moi, mais si c'est l'escroquerie du siècle ça mérite l'enquête du siècle, non ?

Voilà, tu l'as, ton article ! Et moi j'ai ce que je suis venu chercher.

Je ne t'ai laissé aucun répit. Je t'ai abreuvé d'informations que tu crois insignifiantes pour que tu ne retiennes que le principal. Peu importe l'angle que tu prendras, que tu me fasses passer pour un ambitieux, un paranoïaque ou juste un homme en plein délire. Je m'en fiche, je suis tout ça.

La seule honnêteté que j'ai, c'est d'être ce que je suis et de l'assumer complètement.

Mamadou nous rejoint, me tend un sac en plastique et s'installe à table. Tu comprends que l'entretien est terminé mais tu tentes une dernière question… Celle que j'attendais.

— C'est quoi, la suite du programme ?

J'écrase ma cigarette et sors un des magazines que mon chauffeur vient de me ramener.

— Je sais pas… Ça va dépendre de toi…

Tu souris. Tu sais que tu n'en obtiendras pas plus…

— Mais avant ça on va prendre une petite photo avec le journal du jour. On va pas te croire, sinon… quand tu diras à tout le monde que je suis venu à Paris !

10

Genève, 15 novembre 2016.

Des gyrophares.

Du monde.

Des cris.

Pinot et Bouchon sont à plat ventre.

— Mardoché Mouly ?

Il n'y a que les flics qui m'appellent comme ça… Pourquoi ils sont autant devant l'hôtel ?

— Monsieur, veuillez décliner votre identité.

Une jeune femme s'adresse à moi. Elle a… quoi ? Vingt-quatre, vingt-cinq ans ?

— Vous êtes bien Mardoché Mouly ?

Putain, ils auraient pu me mettre autre chose qu'une stagiaire pour m'arrêter, sans déconner !

— Monsieur, répondez, s'il vous plaît !

Je m'apprête à lui mentir. À lui donner un faux nom, comme je fais toujours. Parce que c'est ce qui me vient en premier. Mais je n'y arrive pas. Rien ne sort. Je suis paralysé.

J'essaye de croiser le regard de mes copains, maintenus à terre. Les pauvres, ils sont sortis de leur chambre avant moi. J'étais au téléphone et j'ai mis un peu de temps à descendre.

La petite jeune me prend en photo avec son téléphone. Comme ça, clac, et l'envoie à je ne sais qui. Je trouve le geste hyper violent. Pourtant, j'en ai vu d'autres dans ma vie. Je suis loin d'être un perdreau de trois semaines... Mais me faire shooter comme ça, sans que je m'y attende, me donne envie de lui arracher son appareil et de le balancer dans le lac.

D'habitude, quand je me fais lever, ils viennent me chercher chez moi, pas en pleine rue. Là, j'ai l'impression d'assister à l'arrestation de Mesrine ! Heureusement, je suis bien sapé pour l'occasion. J'ai mis un jogging en cachemire et un blouson en vison.

— Pas besoin de confirmer, j'ai votre fiche, me dit la nana, qui tourne son téléphone pour me montrer l'écran.

La fiche Interpol est là... Sous mes yeux. Ma tronche, mon blaze. Tout y est. C'est impressionnant. Grandiose.

Des voitures de police, des hommes armés... Tout ça pour moi.

— On vous emmène au poste, elle m'annonce en me mettant les menottes.

Ça y est. On y est.

Cette fois, je suis vraiment mort... C'est la fin.

Fallait bien que ça se finisse un jour. J'allais pas cavaler toute ma vie !

La jeune femme remonte en voiture après nous avoir installés à l'arrière de la fourgonnette avec trois autres flics.

— Alors, c'était bien, les vacances, Marco ? me sort l'un d'entre eux en se marrant.

— De folie ! Et vous ?

— On peut prendre une photo avec toi ? me demande son coéquipier, tout content.

— Ouais, bien sûr, mais à une condition... Vous me laissez l'envoyer à ma femme !

— Oui, sans problème ! On est suisses, nous, tu sais...

Je donne mon téléphone à Bouchon sous l'œil médusé de Pinot. Les trois flics s'asseyent à côté de moi et se mettent à poser devant l'objectif.

Je joue le jeu, je lève les poignets pour bien montrer les menottes... Histoire de les rendre encore plus fiers.

Je récupère mon téléphone et enclenche la dictée automatique : « Ça y est, ils m'ont eu... »

Et j'envoie le message. À tout le monde. Ma femme, ma fille, mes avocats... mes copains.

Titi est le premier à répondre : « J'espère que t'avais pas mon passeport sur toi ! », avec le petit smiley qui rigole.

Putain de merde... Le passeport... Il est planqué dans mon caleçon... Si on me fouille, je suis foutu ! Ils vont me coller un an supplémentaire pour usurpation d'identité, faux et usage de faux et je ne sais quoi encore...

Je peux même pas le déchirer aux toilettes, ils vont le voir direct !

Quel con ! J'aurais vraiment dû me rendre...

À ma décharge, pardon, mais il faut avoir de sacrées « *cojones* » pour se pointer chez les flics en disant : « Bonjour, c'est moi... Je viens pour les huit ans... »

C'est dur ! Je suis venu à Genève, déjà, c'est pas mal... Ça signifie bien que je comptais me rendre, non ? J'avais juste besoin de la pousser encore un peu, l'histoire, c'est tout.

La presse est là et prend des photos à mon arrivée au dépôt. Même mon petit journaliste du *Nouvel Obs* a été prévenu !

— Salut, tu vas bien ? je sors en lui serrant la main malgré les menottes qui lacèrent mes poignets.

Le petit me sourit avec bienveillance.

— Et fais un beau papier, d'accord ? j'ajoute avant d'entrer à l'intérieur du bâtiment.

J'arrive dans le bureau principal. L'inspecteur chargé du dossier me détache aussitôt et me propose un café.

Toute la brigade est en effervescence. Le personnel de police s'agite autour de moi, me fait des courbettes… À les voir, on pourrait penser qu'ils reçoivent un ministre, pas un voleur !

C'est un événement pour eux, ils n'en chopent pas des comme moi tous les jours. Surtout à Genève ! Je profite de cette liesse pour faire mon show. Je rigole avec tout le monde, je fais des selfies, je déconne… Entre l'habitué des postes de police et le touriste en visite. Mon téléphone se met à vibrer.

— Je peux regarder ? je demande aux flics gentiment.

— Allez-y.

Je m'éloigne un peu et allume une cigarette avant d'envoyer un message vocal à Mamadou :

— Rejoins-moi chez les flics et ramène vingt pizzas avec toi.

J'ai croisé douze personnes en tout. Je les ai comptées.

Heureusement que j'ai envoyé mon petit chauffeur chercher ma montre en révision chez l'horloger ce matin, sinon il se serait fait serrer avec nous ! Il m'en aurait voulu, il voulait pas venir en Suisse.

— C'est bon ? On démarre ? je lance à l'attention de l'inspecteur qui m'attend. Et mes copains, vous comptez les libérer quand ? Parce qu'ils n'ont rien fait, les pauvres ! Il faut être gentils avec eux.

— On va juste prendre leur déposition. Ensuite, ils seront libres de partir, il me répond en faisant signe à un de ses gars de s'en occuper.

— Et moi, je peux sortir quand ? je dis en blaguant.

— Vous, vous montez voir Mme la procureure. Elle va vous recevoir.

— Comment vous saviez où on était ? demande Bouchon sans crier gare.

— Coup de fil anonyme…

— Sérieux ?

La tête de Pinot…

— Tu parles d'une surprise ! C'est Israël qui m'a balancé, c'est sûr ! je leur sors pour passer au sujet qui m'intéresse plus et que je vais pouvoir tourner à mon avantage. Elle est comment ?

— Qui ?

— La proc.

— Très jolie…

— Jolie comment ? Petite ? Grande ? Mince ? Quel genre ? j'insiste avec un clin d'œil de connivence pour l'inciter à entrer dans mon jeu.

— Très bien gaulée !

« Très bien gaulée », il me sort, ce con ! Pour un flic, il dit beaucoup de conneries, quand même… Limite plus que moi !

— J'ai deux millions planqués ici, à Genève. Vous les voulez ? Je vous les donne, si vous me laissez partir. On peut aller les chercher tout de suite !

Je tente, on ne sait jamais… Je peux tomber sur un qui aurait moins d'états d'âme que les autres.

— Chef, il y a un jeune à l'accueil avec des pizzas, il s'annonce comme le chauffeur de M. Mouly. Je fais quoi ?

L'inspecteur en face de moi éclate de rire.

— Ben quoi ? On n'a pas déjeuné. J'imagine que vous avez faim ? je lui sors en me levant de ma chaise pour accueillir Mamadou.

— Laisse-le entrer…

Mon chauffeur entre, les bras chargés de pizzas. On le voit même pas derrière les boîtes. Je me précipite pour l'aider et lui en prends quelques-unes.

Les flics n'ont d'yeux que pour la bouffe et se jettent dessus à peine Mamadou les pose sur le bureau. Ils ne font plus attention à moi… Je me dépêche de sortir le passeport de mon caleçon et le glisse dans le dernier carton. Sous une pizza.

— Tiens, Mamadou ! Prends celle qui reste…, je lui dis en me rapprochant de lui. Et tire-toi vite. Y a le passeport dedans ! je lui glisse entre mes dents.

Le petit comprend aussitôt et se dépêche de mettre les voiles.

Il sait quoi faire. Je lui ai donné toutes les consignes sur la route qui va de Paris à Genève. Je suis pas fou, je savais que les probabilités que je me fasse arrêter en venant ici étaient grandes. Le directeur du Léopard, mon bar attitré à Genève, m'avait alerté dès le premier soir. « Deux types sont passés et ont posé des questions… Ils voulaient qu'on les prévienne de ton arrivée, Marco. »

Le piège se refermait doucement mais sûrement.

Je voyais bien qu'il se passait des choses louches, comme ce couple à l'hôtel qui n'allait pas du tout avec le cadre. Je les avais remarqués ! Je sentais qu'ils m'épiaient... Mais j'avais fini par mettre ça sur le compte de ma parano.

Mme la procureure me fait monter dans son bureau. Le keuf n'a pas menti. Brune, typée, classe, une femme de tête qui sait qu'elle est jolie mais pas que...

Elle est là, sa faiblesse. Par conséquent, ma force.

— Bonjour, monsieur Mouly. Je suis la procureure Lévy. Je suis ravie de faire votre connaissance.

Lévy ?

Pas croyable ! Une de chez moi...

Quelle embellie !

Avec un peu de chance, elle aura peut-être envie de m'aider... Envoyer un juif en prison, pour un autre juif, ça fait mal au cœur ! En même temps, ça ne veut rien dire, celui de Paris aussi, c'est un feuj, et pourtant c'était le pire des renégats ! Il veut ma peau et me pourrit la vie depuis des années. Il a tellement enquêté sur moi qu'il sait des choses que même moi je sais pas !

J'ai essayé de l'embrouiller, de le rallier à ma cause, sans succès... À croire qu'il en a fait une affaire personnelle... On dirait que c'est son argent que j'ai volé ! Selon lui, je nuis à ma communauté... Comme si les antisémites avaient attendu Marco Mouly... Bientôt, même ça, ça va être de ma faute !

Ça me rappelle la fois où les flics sont venus me chercher un matin pour une escroquerie à plus de deux cents barres. Je comprenais pas ce qu'ils me voulaient, ça faisait un an que je bougeais pas une oreille et que je me tenais à carreau. Je savais pas de quoi ils me parlaient !

J'avoue, j'étais content quand ils ont voulu m'emmener au poste. Je voulais savoir quelle était cette fameuse arnaque ! Pour deux cents barres, je veux bien faire un tour au commissariat !

J'ai de la chance, la proc' a l'air sympa et chaleureuse. Je crois que je lui plais. J'ai peut-être moyen de la charmer.

— Moi aussi, je suis content de vous rencontrer ! Après tout ce qu'ils m'ont dit sur vous en bas… Ils ont fait que des compliments, franchement…

Elle me sourit et sait d'avance que je vais essayer de la balader.

— Tout le monde, sauf un. Lui, j'ai pas aimé… On ne parle pas comme ça d'une femme. Encore moins d'une procureure.

— Dites m'en plus…, m'encourage-t-elle, rentrant dans mon jeu.

— Je le balance, je m'en fous, je n'ai rien à cacher. C'est le flic qui m'a interrogé… Il a dit… Pardonnez-moi à l'avance pour le mot que je vais employer, Madame la Procureure… Ce sont ses mots, moi, je me serais jamais permis… Il a dit que vous étiez bonne !

Elle ne sait pas si elle doit éclater de rire ou s'énerver, mais je sens qu'elle se retient derrière un léger sourire…

— C'est vrai ? Eh bien, on va lui demander de monter.

Elle pense me contrer, mais je ne me dégonfle pas. J'affronte l'inspecteur et je sors tout. J'en rajoute des caisses. Je le laisse pas en placer une.

— Tu l'as dit ou tu l'as pas dit, qu'elle était bonne ? Oui ou non ? C'est quoi, la vérité ?

Le mec essaye tant bien que mal de se défendre mais n'a pas d'autre choix que de confirmer mes propos.

C'est pas gentil, je sais. Sa cheffe va le sanctionner, j'en ai conscience. Mais je n'ai pas d'autre alternative. C'est lui ou moi. J'ai trop besoin de sa confiance, à elle.

— C'est vrai, finit-il par avouer, penaud, avant de sortir du bureau.

J'ai gagné des points, c'est bon. Je l'ai vu dans ses yeux.

— Il va m'arriver quoi, maintenant ? je lui demande dès qu'on est seuls.

— Je vais vous placer à la prison de Champ-Dollon. C'est un pénitencier tranquille. Ça devrait vous plaire... Vous savez, en Suisse, on ne vous aurait jamais donné huit ans pour escroquerie.

— Et encore ! Je vais sûrement en faire neuf. Ils vont me rajouter au moins un an à cause de ma cavale. Tout ça parce que j'ai voulu prendre un peu de vacances avant qu'ils m'enferment. C'est pas de ma faute à moi si c'était l'été. Voilà, là, c'est l'hiver... il fait froid... C'est bon, je suis d'accord... Je me rends...

— Vous ne vous êtes pas rendu.

— Mais j'allais le faire ! La preuve, je suis venu à Genève. Sinon, je serais resté à Cuba, j'étais bien, là-bas ! Je suis rentré à cause du petit « *bandito* » qui m'accompagnait partout. Il m'a raconté l'histoire de Castro, comment il a pris les armes pour défendre son peuple en tenant tête aux Américains... Ça m'a fait rêver ! En vrai, moi aussi, je suis comme lui ! Moi aussi, je suis un révolutionnaire. Un homme du peuple qui essaye de s'en sortir et d'aider les siens ! Je me suis dit : « Mort pour mort, Marco, vas-y ! Va te battre ! Y a pas de raison que tu leur donnes huit ans comme ça, cadeau ! On parle que d'argent, là ! » Alors j'ai fait ce que Castro aurait fait, je suis revenu pour me battre contre cette décision. C'est con, je voulais le rencontrer avant de partir, l'inviter à dîner… mais le petit m'a dit qu'il était très malade.

La procureure éclate de rire. Elle m'aime bien.

— Je vous en supplie, écrivez sur le procès-verbal que je me suis rendu. Je vais pas leur donner un an, c'est péché ! Ma femme va me tuer si je prends un an de plus, je vous jure. Vous la connaissez pas… Et ma mère, la pauvre… Elle tiendra jamais autant, elle est âgée !

Je sens que j'ai son attention.

— La France a deux mois pour nous envoyer sa demande d'extradition. Je vous tiendrai au courant.

L'idée de dormir en prison m'angoisse un peu, même si Champ-Dollon, de l'extérieur, n'est pas très intimidant.

Le directeur m'accueille à l'entrée et entreprend de me faire la visite. C'est bien la première fois que ça se passe comme ça !

— Là, c'est le premier étage, il me dit en me montrant les cellules, qui ressemblent aux chambres d'un hôtel Ibis. Elles sont à deux cent vingt euros.

— Jour ? je lui sors, étonné.

— Non, par mois. Le deuxième est à trois cent dix…

— Non mais ne vous cassez pas la tête, mettez-moi direct au dernier !

Le type m'explique que les repas se commandent la veille pour le lendemain. Je peux demander ce que je veux où je veux, ils me livrent ! Quel service !

Je compte mentalement l'argent qu'il me reste. J'ai pas mal dépensé ces deux derniers mois. Miami, Cuba, Milan, Genève... Ça m'a coûté cher.

Dommage, j'étais sur le point de faire un dernier coup, ici. Pas grand-chose, mais une petite somme sympa !

Je suis allé voir un banquier suisse, il y a quelques jours, en lui faisant miroiter mes sept cent mille en cash. Je les plaçais chez lui en échange d'un crédit de deux millions d'euros.

À l'arrivée, il m'aurait peut-être pas filé deux briques, mais, même cinq cent mille, j'étais gagnant !

Ça me faisait cinq cents de plus ! Le seul hic, c'est que j'utilisais le passeport de Titi pour ouvrir le compte. Ça m'aurait fait des histoires...

J'ai plus la force, je suis fatigué. J'ai besoin de me reposer un peu, de reprendre des forces. J'en avais plein le cul, à la fin, de cavaler. Je dormais plus la nuit, j'étais sur le qui-vive tout le temps ! Ici, je dors. Comme un bébé. Je fais du sport tous les jours et on m'amène mes repas. J'ai même le droit à mes tartines au beurre salé le matin !

Tout le monde est hyper gentil avec moi, sauf un des matons, qui ne m'aime pas. J'ai essayé, pourtant ! Il ne veut rien savoir. Juste me casser les couilles !

Un soir, je m'étais endormi tôt pour pas voir sa gueule et j'avais oublié de commander mes repas pour le lendemain. Le matin, je me lève, je me prépare... et j'attends mon café. Une heure, deux heures... Rien. Alors je lui demande.

— Il fallait commander hier, Mouly ! Tu te crois à l'hôtel ?

— Mais j'ai faim ! Tu vas pas me laisser sans manger ?

— C'est ton problème, pas le mien.

Ce connard m'a laissé crever la dalle pendant vingt-quatre heures !

Bientôt deux mois que je suis là, mais je sens qu'il ne va pas me lâcher. J'ai beau me plaindre à mes avocats en leur disant que je veux changer de prison, histoire de foutre un peu le bordel, ils me répondent que ça ne sert à rien.

— On ne va pas tarder à recevoir la demande d'extradition... Et, si vous ne vous opposez pas à cette mesure judiciaire, vous serez transféré en France.

— Je m'y oppose pas, à trois conditions. La première, je veux que ma femme et mes gosses reçoivent les permis de visite tout de suite. Deuxièmement, je veux aller à Fresnes, pas à Fleury, c'était horrible, la dernière fois... Et troisièmement je veux pas être dans le quartier VIP. Je veux être avec les autres détenus.

C'est ma plus grande angoisse. Le silence. T'es seul en balade, seul pour manger, tu ne parles à personne et y a personne qui te parle ! Heureusement qu'on est plusieurs dans ma tête, parce que pour quelqu'un comme moi c'est terrible !

Quelques jours plus tard, la procureure demande à me voir. Je comprends que c'est maintenant.

J'ai plus qu'à faire mon paquetage. Je pars pour de bon. Pour longtemps. La seule chose qui me réjouit, c'est de voir mes enfants.

— Monsieur Mouly, préparez vos affaires, vous partez.

— Et je vais où ?

Pas Fleury, pitié, pas Fleury... Et pas trop loin non plus, sinon, ma femme ne viendra pas souvent.

— Où vous voulez ! Demain à 10 heures, vous serez libre.

Entre mon français et son suisse, on n'est pas sortis de l'auberge…

— Pardon… Mais j'ai pas compris.

— Le procureur qui a instruit l'affaire à Paris a jusqu'à ce soir, minuit, pour me délivrer sa demande d'extradition, et, vu l'heure, je ne vois pas comment je peux la recevoir à temps…

11

Paris, avril 2017.

— Mesdames et messieurs les jurés, nous ne sommes pas ici pour déterminer si Mardoché Mouly est coupable. Il l'est. Il a reconnu avoir participé à cette gigantesque fraude qui a coûté plus d'un milliard sept cents millions d'euros à l'État français.

Le tribunal est plein à craquer. Tous patientent pour la plaidoirie du procureur. Le juge, les jurés, l'assistance.

Huit ans que le juge attend ça.

Huit ans qu'il s'acharne, qu'il enquête, qu'il fouille minutieusement, remontant chacune de mes affaires, de la première à la dernière. Comme un profiler, il a analysé chacun de mes faits et gestes. Il sait d'où je viens, ce que je fais, qui je vois. Il connaît le dossier par cœur.

— Le montant le plus important arrivé jusqu'ici à l'audience. Durant dix-huit mois, les auteurs de cette arnaque à la TVA achetaient via des sociétés fictives des quotas carbone d'entreprises polluantes à un prix hors taxes dans un pays étranger et les revendaient en France à un prix incluant la TVA sans la reverser à l'administration fiscale.

Je n'ai pas le droit de parler. Pas le droit de me défendre. Mes avocats me l'ont interdit.

C'est son moment. Sa plaidoirie destinée à convaincre le juge et le jury de me remettre en prison. Sa plaidoirie pour l'échafaud.

— La manne était telle que, plusieurs fois par jour, Mouly et ses amis remettaient en jeu l'argent qu'ils avaient amassé comme des joueurs de poker misant jusqu'à la dernière heure. Des sommes faramineuses gagnées en quelques mois et dépensées comme s'ils étaient des jet-setters milliardaires aux quatre coins de la planète.

Mon père disait toujours : « Nique la vie avant qu'elle te nique. » Cette soif de tout voir, de tout avoir, de faire de sa vie un rêve. Être pauvre quand t'es gamin, c'est ça, l'injustice !

— Cette bande issue de la communauté juive tunisienne, installée à Belleville dans les années 1970, ne se refuse rien, et cet argent gagné facilement leur monte à la tête. Hôtels cinq étoiles, bijoux hors de prix, bar-mitsva à l'américaine ! Tout est permis quand le contribuable régale !

Je n'ai jamais rencontré un homme aussi tenace, aussi déterminé. Et pourtant je les connais, les procureurs, j'ai déjà eu affaire à eux… Ils ont beau vouloir me coffrer, ils me reconnaissent toujours un certain charme…

Lui, c'est différent. Je l'horripile, je l'indispose. Il est mal à l'aise avec moi. C'est viscéral. Il se sent supérieur et me regarde de haut comme si j'étais une merde, un moins-que-rien.

— 283 millions, mesdames et messieurs. 283 millions d'euros… C'est la somme qu'ont détournée Mardoché Mouly et ses associés entre 2008 et 2009. L'accusé comprend-il les faits qui lui sont reprochés ? Ce qu'il doit à la société ? Ce que faire société signifie ? Voilà les questions auxquelles vous devez répondre.

Sa crainte, c'est que le jury m'aime bien. Il a peur quand ils rient, je le vois dans ses yeux. Que le juge puisse être sensible à mon histoire de sparadrap que je me collais sur les doigts avant de signer des papiers tellement j'avais honte de ne pas savoir écrire… Ça le dérange.

Lui aussi, il a remarqué que le juge avait mis des boutons de manchette depuis que je lui ai dit que ça finissait bien la tenue.

— L'homme assis devant nous veut nous faire croire qu'il n'est pour rien dans cette affaire, ou si peu. Il se présente comme le simple logisticien de l'équipe, chargé uniquement d'ouvrir les comptes pour les autres. Il nous a expliqué pendant toute la durée du procès qu'il ne savait pas ce qu'il faisait, qu'il n'était pas au courant. Il croyait que c'était de l'oxygène pour les pompiers !

Mais c'est vrai ! Je jure que c'est vrai !

— C'est tellement absurde qu'on serait tenté de le croire s'il en était à ses premiers faits d'armes. Mais son nom est cité dans plusieurs affaires de vol et d'escroquerie pour lesquelles il a été condamné, et rien ne le décourage. Vivre en permanence avec la police et le fisc sur le dos ne lui fait pas peur. Ça fait partie du jeu tant que le jeu en vaut la chandelle. Et tant qu'il ne va pas en prison. Voler est dans son ADN. Il ne sait faire que ça depuis qu'il a quitté l'école pour aider sa mère et ses six frères et sœurs.

Rien ne le touche. Mon parcours, mon histoire… Ma mère qui couvre mes poignets avec son foulard pour cacher mes menottes… Il devrait comprendre, pourtant, on a les mêmes origines, on a dû recevoir le même genre d'éducation… Est-ce qu'il y a plus important qu'une mère ? Même la femme la plus amoureuse ne peut pas rivaliser ! J'aurais fait n'importe quoi pour elle !

— Marco Mouly est né pauvre. Pas la misère mais pas loin. À ses yeux, cela justifie le fait de se servir. L'argent fait foi. Il le dit lui-même, c'est un opportuniste qui exploite les failles de la législation. Cet individu ne se contente pas de détourner notre argent, il retourne notre système de protection contre nous ! Il me vient à l'esprit cette phrase de Saint-Just : « Le domaine public est établi pour réparer l'infortune des membres du corps social. » Quand vous prenez de l'argent dans les caisses publiques, monsieur Mouly, vous prenez à la solidarité ! Ça n'est pas juste de l'argent abstrait !

Bien sûr, que c'est de l'argent abstrait. Il n'existait pas, cet argent, avant qu'on le crée. C'est une taxe que vous avez ajoutée à du vent. L'État est fautif. La ministre de l'époque est fautive ! Elle savait que cette loi sur les quotas carbone pouvait être détournée, mais les Américains avaient investi des millions en France pour soutenir ce décret et l'écologie, et elle était consciente qu'en admettant que c'était une erreur, elle serait contrainte de leur rendre leur argent !

— Alors, certes, il y avait des failles. L'Union européenne a mis en place cette taxe carbone sur les droits à polluer sans analyser les risques et a créé les conditions de la fraude. Mais ça n'est pas parce que le coffre est ouvert que c'est la faute du coffre !

Tout le monde s'est servi ! À commencer par la Caisse des dépôts et consignations. C'est pour ça qu'ils n'ont demandé qu'un euro symbolique ! Putain, si je pouvais lui répondre... Combien demanderaient d'éliminer la faim dans le monde s'ils trouvaient une lampe avec un génie qui n'exaucerait qu'un vœu ? Hein, combien ? Tout le monde pense à sa gueule en priorité !

— Mardoché Mouly, sous ses airs sympathiques, est un parasite qui ne voit en l'autre qu'un moyen. Il mène un train de vie dispendieux, sans commune mesure avec ses ressources déclarées, mais nous parle de partage, de clan, de famille. Prendre soin de sa famille, c'est avant tout se soucier du collectif ! Il n'a aucun respect pour nos enfants, nos retraités, nos malades... Il adore l'hôpital public quand il se casse un bras en scooter, mais quand il s'agit de payer des impôts il n'y a plus personne ! Cet homme se fout du collectif !

Mais j'étais raide ! Mort ! Pas une thune !

Avant cette histoire, personne me calculait. Évidemment, quand on me l'a proposée, j'ai sauté dessus ! Le carbone, ça a été la plus belle affaire au monde pour moi. Certainement le plus beau coup de ma vie. Celui qui restera dans les annales des grandes arnaques et dont on parlera encore longtemps.

— Pendant que, vous, vous travaillez durement pour payer vos charges, cet escroc continue de profiter du système, espérant encore que la sanction sera, comme elle l'a si longtemps été, un simple accident du travail !

Je ne suis pas naïf, j'ai conscience de ce que je risque et je suis d'accord pour payer... Mais pas huit ans ! Une escroquerie, en France, c'est trois piges, normalement...

— Mais la dimension pharaonique de l'escroquerie, les liens avec la criminalité organisée et surtout le changement d'état d'esprit à l'égard de la fraude ont modifié les échelles de peines…

Voler des pommes était plus compliqué que d'ouvrir des comptes pour la taxe carbone ! Du jour au lendemain, je suis devenu plein aux as. Ma femme était contente, mes enfants, pourris gâtés… Je frimais, je flambais… Et j'avais plein d'amis ! Quand tu peux rincer tout le monde, des gens qui t'aiment et qui te trouvent beau, y a que ça ! Tu t'en fous, qu'ils soient sincères ou pas, tu veux juste les croire ! Peu importe que ce soit pour ce que t'as et pas pour ce que t'es.

— La prison le hante, dit-il. Il considère qu'on lui fait porter un chapeau trop grand. Il n'hésite pas à supplier le juge à genoux de le laisser sortir… Mais, si on ne l'enferme pas, il ne s'arrêtera pas.

Il a fallu que j'aille en prison pour voir que j'avais vingt kilos de trop, que j'étais moche et que je ressemblais à rien. À rien sauf à l'argent.

De tous les pique-assiettes que j'avais autour de moi, aucun n'est venu me rendre visite. Parfois, c'est tellement dur que je m'embrouille avec ma femme cinq minutes avant la fin du parloir pour être certain qu'elle revienne le lendemain.

— Comment faire société, alors ? Comment avoir l'humilité de faire partie d'un tout, lorsqu'on se croit au-dessus des autres ? Au-dessus des lois ?

De quoi il parle ? C'est à croire que les gens crèvent la dalle à cause de moi ! Comment tu peux vivre quand tu donnes la quasi-totalité de ce que tu gagnes à l'État ? Comment tu peux t'en sortir ? C'est ça, les questions qu'il faut se poser !

— Il y a deux choses que Mardoché Mouly sait très bien faire : voler et mentir. Animé par un fort désir de revanche sociale, il se décrit lui-même comme le plus grand commercial du monde ! Un talent qu'il exerce depuis sa jeunesse dans de multiples domaines, la confection, la téléphonie, l'immobilier… quand le parquet le considère davantage comme un expert de l'escroquerie à la TVA et le plus grand mythomane de la planète.

Et donc quoi ? On me colle huit ans parce que je raconte des histoires ? Parce que je m'arrange avec la vérité ?

— Le bonimenteur séduit avec ses jolies fables et veut nous faire acheter cette histoire de Robin des bois qui prend aux riches pour donner aux pauvres… Un magot volé par les gens du peuple n'aurait pas la même valeur que celui volé par la classe supérieure. Mais la justice est la même pour tout le monde ! Que vous soyez riche, pauvre, gouvernant ou gouverné, juif de Belleville ou d'ailleurs ! La justice est la justice ! Vous et votre bande… Vous me faites honte !

S'il n'était pas juif, je penserais qu'il est antisémite. Ça se ressent même dans l'ambiance qu'il met au tribunal. Ce ton dénigrant qu'il emploie… Je suis pas le seul à le sentir. Je vois bien l'incompréhension dans la salle à chaque fois qu'il parle de « nous ». Il veut nous faire croire que ce n'est pas personnel… Mais ça l'est !

— La légende raconte qu'il ne sait ni lire ni écrire. Théâtral, il revendique son illettrisme comme pour apporter encore plus de flamboyance à son parcours… 283 millions d'euros, monsieur Mouly ! Vous ne savez peut-être ni lire ni écrire, mais vous savez compter !

C'est vrai, je suis pas allé à l'école. Je regrette. Il a fallu que je prouve ce dont j'étais capable autrement. J'ai pas choisi la meilleure manière… Mais, dans la vie, on fait ce qu'on peut avec ce qu'on a… Je me suis battu avec les armes que j'avais. Ma tchatche et mon ambition !

— Sa confiance en lui est impressionnante et nous déstabilise. Ses alliés, comme ses adversaires, reconnaissent son immense talent d'imposteur. Peut-on croire ce que cet homme nous dit ? Peut-on lui faire confiance aujourd'hui ? Sommes-nous certains que ce délinquant financier ne va pas réitérer ? Si la prochaine arnaque était d'un milliard, la refuserait-il ?

Un milliard, ça se réfléchit quand même… Qui dit non à un milliard ? Même ma mère, elle accepterait de faire de la prison pour un milliard !

— Il n'était pas là le jour de son jugement et a décidé de repousser sa reddition, comme le déclarent ses avocats. La sentence était trop lourde, selon lui. Il avait besoin de prendre du recul… Pour moi, tout était prémédité. Sa fuite, le coup de fil anonyme qui a informé Interpol, son arrestation à Genève… Même la presse avait été prévenue ! Durant des mois, il s'est amusé à jouer au chat et à la souris avec la justice, déjouant la vigilance de toutes les polices et de toutes les douanes… Sa cavale, comme il aime l'appeler, aura mobilisé des dizaines et des dizaines d'enquêteurs, de policiers sur le terrain, du personnel administratif qui n'a pas pu partir en vacances alors que monsieur Mouly a fait le tour du monde ! Se soucie-t-il du prix de son escapade ? Combien cela nous a coûté ?

J'aurais fait n'importe quoi pour ne pas y aller. N'importe quoi ! J'étais prêt à aller n'importe où, m'installer sur n'importe quel continent. Tant qu'on ne me renvoyait pas derrière des barreaux.

Mais vivre toute sa vie en cavale, c'est pas possible. La distance, c'est une chose, mais l'éloignement... C'est sûrement pour ça que les fugitifs finissent toujours par se faire attraper chez eux, parce que, à la fin, ils n'en peuvent plus. Ils reviennent !

J'avais dix-huit ans la première fois que je suis allé en prison. Comme j'étais mineur, la juge a attendu le jour de mon anniversaire. J'étais à peine un homme et j'ai cru en sortant que j'en étais devenu un.

La prison, ça n'est bon pour personne. T'as beau être le plus fort, tu trouveras toujours encore plus fort que toi.

Cette arnaque à la taxe carbone a été incroyable. Qui aurait pu imaginer que des petits mecs de Belleville qui n'avaient rien étaient capables de tout ? L'espace d'un instant, on s'est pris pour les rois du monde. Mais il a peut-être raison, le procureur... Peut-être que ce que j'ai fait est répréhensible. « Le casse du siècle » a fait couler beaucoup d'encre, de larmes et de sang.

Tout l'argent du monde ne me ramènera pas ce que j'ai perdu. Le mal que j'ai fait à ma famille, la peine que j'ai causée à ma mère, mon père que je n'ai pas pu voir avant qu'il meure... Jamais je ne pourrai oublier son enterrement, le monde quand je suis descendu du fourgon et tous ces faux amis venus assister au spectacle de Marco Mouly avec les menottes !

Ils voulaient me voir à terre, meurtri, puni. Je suis parti avant la fin... Je ne voulais pas leur offrir mon chagrin. Ça, on le dit pas à l'audience...

— Le parquet requiert une peine exemplaire pour ce vol dans la poche du peuple et considère que la responsabilité de Mardoché Mouly est plus importante qu'il ne veut bien le reconnaître.

J'ai peur. Huit ans, ça brise un homme. Je ne vais jamais tenir.

Le président de chambre va décider de mon sort...

— Pardon, monsieur Mouly, mais le tribunal n'a pas été convaincu par vos explications.

Mon Dieu, je t'en supplie... Protège-moi... Je veux pas aller en prison.

Épilogue par Julie Madar

À un quart d'heure près, Marco Mouly était libre.

Si la demande d'extradition, délivrée par un taxi-moto venu de Paris, n'avait pas été déposée le 20 décembre 2016 à 23 h 45 sur le bureau du procureur à Genève, il n'aurait pas fait sept ans de prison.

Dès le lendemain, il a été transféré à la prison de Meaux, puis à Fleury-Mérogis en quartier VIP, où il a purgé sa peine, confirmée en appel, jusqu'en 2021.

Des trois conditions – être transféré à Fresnes plutôt qu'à Fleury avec tous les détenus –, le juge n'en a accepté qu'une seule. Des droits de visite ont été accordés à sa famille quelques jours après son incarcération.

Je n'ai pas eu accès à la plaidoirie du procureur.

Je l'ai imaginée et construite à partir des chefs d'inculpation, de l'atmosphère que Marco et ses avocats m'ont décrite au tribunal et du sentiment que j'éprouvais durant des années vis-à-vis de cet homme au costume sur mesure et au français plus qu'approximatif.

Je le connaissais depuis toujours. Nos pères étaient copains d'enfance en Tunisie, et nos rapports se limitaient à des bonjours de loin.

Sa réputation sulfureuse, son côté gueulard et frimeur et sa participation à cette sordide arnaque à la taxe carbone suffisaient à me faire fuir. Comme le procureur, je défends des valeurs républicaines d'honnêteté, d'intégrité et de travail et, comme le procureur et beaucoup de mes coreligionnaires, je trouvais que ce genre d'individus apportait de l'eau à un moulin déjà trop rempli.

Est-ce que cela méritait huit ans ? Je ne sais pas.

Cette affaire a été jugée, et Marco a payé sa dette à la société. Il doit encore à ce jour 283 millions d'euros à l'État français et jure qu'il les remboursera en trois ans.

Comme tous, je suis sceptique et, pour employer une expression qu'il utilise souvent, je vais suivre le menteur jusqu'à sa porte.

Il n'était pas question, à travers ce livre, d'établir un camp, de préciser où est la morale ou d'opposer le bien et le mal. Nous savons tous où elle se situe, et je ne compte pas vous convaincre du contraire. Chacun est libre de penser ce qu'il veut de Marco et de ce qu'il a fait.

Ce qui m'intéresse davantage et m'a interpellée lors de la diffusion du documentaire *Les Rois de l'arnaque* sur Netflix en novembre dernier, c'est ce que cela raconte de nous, de nos héros, de notre société. Marco Mouly était le reflet de cette France en proie à toutes les angoisses qui, a beau combattre tout ce qu'il représente, entretient malgré tout une fascination pour l'argent facile, la notoriété et le culte de l'image.

Pourquoi le public se prenait-il tout à coup d'affection pour un escroc tapageur, flambeur et bling-bling à souhait ? Un homme dénué de toute conscience et de sens commun ? Pourquoi raconter son histoire et non celle d'un pompier ou d'un soignant ?

Parce qu'il est cet antihéros dont on abhorre les principes mais qui nous réjouit par ses excès. Il est un concentré de toutes les promesses que l'on se fait : le succès, l'argent et la jouissance en totale liberté.

Bien sûr, que Marco est un corrupteur, et responsable de l'être, mais il n'empêche que c'est un homme influencé, corrompu peut-être à sa manière, par son environnement.

Ses choix de vie créent certes le malaise, mais la réussite est séduisante et c'est là que notre morale s'effondre et que l'on s'aperçoit qu'il y a du Marco Mouly en chacun de nous.

À une heure où tout le monde doute, à commencer par moi, suivre ce personnage charismatique et exceptionnel, sur qui rien ni personne ne semble avoir de prise, nous amène à croire que tout est possible, y compris l'invraisemblable.

Et c'est en cela qu'il fascine.

Nous raffolons de ce genre de personnages romanesques, hauts en couleur, mi-Lupin mi-Prince Ali, pauvres des bas quartiers qui se sont enrichis en volant ceux-là mêmes qui nous gouvernent. Comment ne pas avoir envie de suivre les aventures de cet homme qui ne sait ni lire ni écrire ?

Marco est un enchanteur, un embellisseur de vérité. Un rêveur qui s'est donné le premier rôle de son monde, un maestro du scénario et de la mise en scène qui fait de sa vie une fiction qu'il réinvente chaque jour un peu plus. Et le public a besoin de personnages comme lui, de gens qui le font rêver et lui racontent des histoires fantasques. C'est la raison pour laquelle nous allons au cinéma, nous lisons des livres et c'est aussi pour cela que Netflix marche si fort !

Raconter le parcours de Marco à travers cette cavale a été une opportunité incroyable que j'ai saisie quelques jours après la diffusion du documentaire.

Est-ce le hasard, Dieu ou mon père parti un an plus tôt qui l'avait mis sur mon chemin à ce dîner de dernière minute ? Je ne sais pas. Le fait est que, le soir même, je me jetais à l'eau et lui proposais de me confier son histoire.

Je me doutais dès les premières secondes qu'il serait difficile à gérer et que l'expérience ne serait pas de tout repos, mais j'étais loin d'imaginer que j'embarquais à bord d'une voiture lancée à deux cents à l'heure qui ne s'arrête pas.

Marco est chronophage. Il peut appeler cinquante fois par jour si l'envie l'en prend. Il ne vous laisse jamais tranquille. Vous épuise. Son débit de parole est incroyable, il passe du coq à l'âne puis revient sur ce qu'il a dit, s'accommode de la vérité, du mensonge. Bref, tout est fait pour vous séduire. Tout le temps. Pour mieux vous avoir.

Il ne veut pas simplement qu'on l'aime bien. Il veut qu'on l'aime. Il a beau claironner que les critiques ne le touchent pas et qu'il se moque de ce qu'on pense de lui, je n'y crois pas. Je suis convaincue qu'elles le heurtent à chaque fois.

Marco aime à dire, et certainement à penser, qu'il a accepté de faire ce livre pour moi, parce qu'il a eu confiance en moi. J'ai tendance à croire qu'il y a vu, comme moi, une opportunité. La vie en est remplie et nous passons notre temps à les attendre, les saisir parfois ou passer à côté. Marco les saisit toutes et voit où elles vont le mener.

Pour pouvoir le suivre, le comprendre, savoir comment il réfléchit, il faut penser vite. Aussi vite que lui. Et se rendre disponible à tout moment. Saisir l'instant où il est prêt à se livrer.

J'ai tout fait pour instaurer un cadre, dépensé énormément d'énergie pour ne jamais perdre de vue mon discernement, ne pas baisser ma garde. J'ai passé des nuits entières à refaire nos conversations dans ma tête dans le seul but de comprendre exactement ce qu'il avait dans la sienne, avec toujours cette crainte de me faire manipuler. L'ai-je été ? Bien sûr ! Et ça fait partie de l'aventure !

Est-ce que tout ce qu'il m'a raconté à propos de cette cavale est vrai ? Honnêtement, je ne sais pas et je m'en moque. J'ai eu l'impression d'être partie en cavale avec lui.

Marco est un aimant. Il a ce don de capter l'attention, de tenir un auditoire et de faire rire ! À une époque où tout le monde se plaint constamment, lui, il rit de tout et assure le show en permanence.

Mais, comme rien n'existe sans son contraire, il a aussi des moments de doute, d'angoisse, de vide abyssal. Des zones d'ombre qu'il garde pour lui et dont il se sert parfois pour toucher ou émouvoir.

Marco est un menteur, un manipulateur, un séducteur et un opportuniste, un peu comme nous tous… À un degré différent.

Je ne peux pas garantir que la prison l'a changé et qu'il ne recommencera jamais. L'enfermement a forcément eu des répercussions sur sa vie de famille et sa vie professionnelle, et je pense que le fait d'être loin des siens, d'être abandonné de tous, l'a fait redescendre de son piédestal et prendre conscience d'une certaine réalité de la vie. Ses proches disent qu'il a tenu grâce à cette faculté de s'inventer des histoires, d'oublier vite et de passer à autre chose. Cette résilience et cette foi inébranlable qu'il a en la vie et en Dieu le protègent dans ses pires moments de détresse et lui donnent l'énergie suffisante pour rebondir à chaque fois.

Qui est réellement Marco Mouly, je ne le sais pas et je ne suis pas certaine qu'il le sache lui-même. Ce que je sais, en revanche, c'est ce qu'il m'a apporté. J'ai appris à ses côtés plus vite qu'avec n'importe qui et j'ai maintenant confiance en mon instinct. Je me suis découvert une force que je ne soupçonnais pas et je suis allée au bout d'une histoire à laquelle j'ai cru dès le départ, malgré tous les gens qui m'assuraient que l'édifice Marco Mouly n'était construit que sur du vent.

Quelques mois plus tard, après le début de ce projet, Kelija Productions, du groupe Asacha Media, a obtenu les droits d'adaptation de ce livre retraçant la cavale de l'arnaqueur du siècle, et une série inspirée de cette histoire devrait bientôt voir le jour.

Que va devenir Marco Mouly dans cette prochaine vie ? L'avenir nous le dira…

Remerciements

Certaines rencontres sont évidentes.
Ce roman en est la preuve.

Un grand merci à…

Mon clan Madar : Dany, David, Isaac, Mila, Édouard, Jo et Dany, d'être là depuis toujours.

Liv et Levin, mes deux ailes qui me permettent de voler, toujours plus haut, toujours plus loin.
À nous trois, tout est possible.
Je vous aime.

Valérie, Nina et Samuel Mouly, pour m'avoir confié votre histoire et un tout particulier à Cindy pour ton aide précieuse et ton amitié.
Je n'y serais pas arrivée sans toi.

Sarah Barukh, ma bonne fée, mon amie et ma première lectrice.
Tu m'as poussée, soutenue, relue… et rassurée tellement de fois.
Je ne remercierai jamais assez Réjane Lacoste de t'avoir mise sur ma route.

Ludovic Bismuth pour savoir dénouer mes nœuds et t'être fait l'avocat du diable si souvent.
Merci de si bien me connaître.

Mes amies chéries, Virginie Acariès, Stéphanie Azoulay, Barbara Boccara, Caroline Massenet, Cécile Mousset, Sabrina Van Tassel et Nathalie Zeitoun.
J'ai tellement de chance de vous avoir.

Audrey Acariès de m'avoir suivie et supportée durant ces longs mois d'écriture.
Je ris encore du disque dur.

John Seboun, pour avoir géré les réseaux sociaux et Marco si souvent.
J'avoue avoir pris un petit coup de vieux avec toi.

Cyril Thomas pour avoir filmé toutes mes interviews.

L'équipe de HarperCollins, Caroline Lamoulie, Chloé Marquet, Emmanuelle Bucco-Cancès et Mathieu Johann pour nous avoir accompagnés, Marco et moi, avec autant d'enthousiasme et de bienveillance.

Katia Raïs, Gaspard de Chavagnac et Laurent Issenjou, de prolonger l'aventure au-delà de ce roman.

Maître Serge Kierszenbaum et Maître Philippe Ohayon, pour avoir pris le temps de répondre à mes questions.

Matthieu Guillot, pour ton travail et ta patience envers moi.

Laetitia Kugler, pour tes encouragements de la première heure.

Arnaud, Audrey, Bena, Bruno, Cats, David, Doris, Inès, Jaja, J.D., Jeanne, Jen, John, Karine, Laetitia, Laurence, Leila, Leslie, Manu, Michaëlla, Sharon, Anita et Silber, Sophie, Véronique, Yas.

La team Marco : Bouchon, Jean-Luc, Mamadou, Nanou, Steve, Thierry et Zico.

Enfin, à toi, Marco, pour tous ces fous rires, ces engueulades, et cette confiance que tu m'as accordée.

Tu as fait de ma faiblesse, une force.

Je m'en serais voulu de passer à côté de toi !

Pour finir, je ne peux terminer ce livre sans penser à mon père.

Je n'ai pas besoin de te voir pour savoir que tu es toujours là…

Composé et édité par HarperCollins France

Achevé d'imprimer en France par CPI
en novembre 2022

Dépôt légal : septembre 2022
N° d'impression : 172930

Pour limiter l'empreinte environnementale de ses livres, HarperCollins France s'engage à n'utiliser que du papier fabriqué à partir de bois provenant de forêts gérées durablement et de manière responsable.